A
*Jean Clegg Dickinson*
y
*Marguerite Glenn McKeithen*

*«Toda una vida no es lo suficientemente larga para vivir como amigos».*

# _Contenido_

# Cuaderno de la
# ORACIÓN
# VIVIENTE

# Otros Cuadernos de trabajo de Maxie Dunnam

# Cuaderno de la
# ORACIÓN
# VIVIENTE

## Maxie Dunnam

*Traducido y adaptado por*

## MARY LOU
## SANTILLÁN-BAERT

NASHVILLE

Diseñador de la portada: Gore Studio, Inc.
Adaptación de diseño interior: Luis M. Alcázar
Fotografía de la portada: © Pablo Corral Vega / CORBIS
Primera impresión: 2002

Library of Congress Cataloging-in-Publication Data
Dunnam, Maxie D.
     [Workbook of living prayer. Spanish]
     Cuaderno de la oración viviente / Maxie Dunnam.
       p. cm.
     ISBN: 0-8358-0977-3
      1. Prayer--Christianity. I. Title

BV215 .D85518 2002
248.3'2--dc21                        2002071445
Impreso en los Estados Unidos de Norteamérica

# INTRODUCCIÓN

A T.S. Eliot, un poeta mundialmente conocido, le gustaba contar cómo un día en Londres llamó un taxi y después de ir en él por una pequeña distancia, el chofer le preguntó: «¿No es usted T.S. Eliot?». Eliot contestó afirmativamente y le preguntó cómo lo había reconocido. «Oh, yo conozco de vista a mucha gente famosa», dijo el taxista. «Fíjese usted que el otro día llevaba a Lord Bertrand Russell. Y le dije: 'Lord Russell, ¿cuál es el significado de la vida?' y, ¿sabe usted que no me pudo contestar?».

Me siento así al escribir esta introducción a la revisión del *Cuaderno de la oración viviente*. Según el editor, casi medio millón de cuadernos se han impreso. Me siento abrumado ante esto. Estoy casi seguro de que cuando mis días hayan terminado, mi mayor contribución a la causa del cristianismo y de la iglesia cristiana será el *Cuaderno de la oración viviente*. A través de los años he recibido literalmente miles de cartas de gente que lo ha usado y que ha expresado su aprecio: muchos de ellos han testificado que su vida ha sido transformada y muchos otros señalan que su llamado al ministerio cristiano a tiempo completo ocurrió debido al uso de este cuaderno.

Aunque es un gozo reconocer todo lo anterior, también es una seria responsabilidad. He aprendido mucho durante estos últimos veinte años—pero no hay nada más importante que el hecho de que todavía estoy *aprendiendo a orar*. Eso quiere decir que nuestra vida de oración es un peregrinaje. Jamás he conocido a alguien que esté satisfecho/a con su vida de oración. Lo que pudiéramos llamar «gigantes» en la oración— y he tenido el privilegio de conocer a algunos—jamás darían testimonio de otra cosa que no sea su constante deseo de estar más cerca del Señor, de ser más efectivos/as en su orar, de ser más transparentes ante la presencia de Aquél que nos conoce «por dentro y por fuera».

Los últimos veinte años han sido años turbulentos. Las cosas que jamás hubiéramos soñado pasarían, acontecieron. Una de las más dramáticas y significativas fue la destrucción del muro de Berlín y el derrumbe de un sistema político y económico ateo que tenía a gran parte del mundo bajo su poder.

Durante un período de setenta años desde la Revolución Rusa de 1917, la opresión y la persecución hicieron estragos en la iglesia. La mayoría de los templos en la Unión Soviética fueron destruídos o cerrados. Los cristianos fueron encarcelados o condenados a muerte y muchos de ellos formaron movimientos clandestinos. En 1981 estuve en la Unión Soviética y regresé frustrado y confuso. Experimenté dolor al ver iglesias hermosas convertidas en bodegas. Me sentí deprimido al ver principalmente a ancianas en las pocas iglesias que todavía estaban abiertas. Pero aun así, estaba emocionado por el testimonio cristiano de los fieles y mi fe se sintió desafiada por su fidelidad. A través de los años una de las imágenes que he guardado en mi mente sobre la iglesia ha sido el de las ancianas, las abuelas—las llaman babushkas—con sus pañoletas, sentadas en los rincones oscuros de la iglesia, a veces sacudiendo y a veces puliendo el altar y los muebles de iglesias que ya no eran lugares dinámicos de adoración. Me preguntaba a menudo qué podrían hacer estas abuelas. ¿Cómo pueden ellas mantener viva la fe y la iglesia? ¿Dónde está la juventud y cómo va ella a recibir el testimonio cristiano?

En 1986, dos años antes de la celebración del milésimo aniversario del cristianismo en Rusia, una delegación de veinticinco sacerdotes y pastores hicieron una especie de «experimento»al visitar Rusia durante dos semanas antes de que ese gran evento se llevara a cabo. Los sacerdotes y los pastores pasaron tres horas en la aduana discutiendo su derecho de entrar al país con Biblias en el idioma ruso: unas fueron confiscadas, otras no. Dana Robert en un artículo en *The Christian Century* (12 de diciembre de 1986) escribió acerca de la visita de esas veinticinco personas y cómo la mayoría de los creyentes que conocieron en las iglesias eran ancianas:

> Como las viudas de la antigüedad, estas mujeres son la columna vertebral de la iglesia, manteniéndola viva a través de sus ofrendas sacrificiales, sus oraciones y servicios tales como la limpieza de los edificios y el cultivo de las flores. Cuando alguien le preguntó a un sacerdote ruso si era saludable que la iglesia estuviera formada por tantas ancianas, él contó esta historia: «En los primeros días del comunismo», dijo él, «muchas iglesias fueron destruidas y los sacerdotes, los monjes y las monjas fueron ejecutados. Lenin argumentaba que una vez que murieran las abuelas, nadie se acordaría que había habido una iglesia en Rusia. Pero ahora Lenin está muerto y la iglesia está llena de abuelas que eran niñas cuando él vivía. Mientras la iglesia rusa tenga abuelas, va a sobrevivir».

Desde la caída del muro de Berlín y el derrumbe del sistema ateo de gobierno y economía, en nuestra visita a los antiguos países de la Unión Soviética hemos oído palabras similares. Han sido las abuelas—las abuelas que *oraban*—las que han mantenido viva la fe en todos esos países. Hay una historia conmovedora de la iglesia en Pilzen (lo que antes era Checoslovaquia). A través de los años de la opresión comunista y la persecución de los cristianos, la feligresía de la iglesia protestante más grande de esa ciudad se redujo a casi cero. El gobierno se apoderó del edificio y fue utilizado por la universidad. Había unos cuantos fieles que siguieron reuniéndose, especialmente para orar. Como tres años antes de la destrucción del muro, providencialmente cuatro o cinco personas en sus veintes se juntaron con los siete o nueve fieles. Estas personas jóvenes habían sido milagrosamente convertidas en una reunión clandestina de la iglesia cristiana. Este grupo pequeño de aproximadamente catorce personas se reúne cada semana para orar; ha formado el núcleo de un avivamiento en esa ciudad. Cuando estuve en Pilzen en 1992, prediqué y participé en un culto de adoración de una de las congregaciones cristianas más dinámicas que he conocido —y testifican que la fuente de ese avivamiento fue ese grupo de oración.

El gobierno ahora les ha devuelto el edificio que había confiscado y lo están renovando. Es una congregación metodista que se llama la Iglesia Maranata—un testimonio vibrante y dinámico a la fidelidad de los cristianos, especialmente el significado y el poder de la oración. Es un testimonio convincente acerca de lo que trata este cuaderno.

Recientemente supe que en lo que ahora es Bratislava, Eslovaquia (anteriormente Checoslovaquia), un predicador metodista había traducido este cuaderno y lo ha usado como un recurso de enseñanza entre los cristianos fieles que viven bajo condiciones de opresión. En 1983 fue traducido en Taiwán al chino con el propósito de enseñar a las personas acerca de la oración y para llevarlo a China.

Mi oración es que todos los que usen esta edición revisada aprendan no tan sólo algo acerca de la oración, sino más que todo que se sientan inspirados a orar. Estoy convencido que éste es uno de los privilegios más gloriosos de los cristianos—entrar al reino y a participar en la obra del reino mediante la oración.

## Una aventura de oración

He aquí el plan. Ésta es una aventura de seis semanas. Es una jornada individual, pero mi esperanza es que la compartirá con sus compañeros/as peregrinos/as que se reunirán una vez a la semana durante las seis semanas del estudio. Se le está pidiendo dedicar de veinte a treinta minutos cada día para hacer de la oración una experiencia viviente. Para la mayoría de las personas estos veinte a treinta minutos serán al principio del día. Sin embargo, si no es posible para usted tomar el tiempo al comenzar el día, hágalo cuando tenga el tiempo disponible.

El cuaderno tiene seis divisiones mayores, cada una para guiarlo/la durante una semana. Estas seis divisiones contienen siete secciones, una para cada día de la semana.

En la sección de cada día, leerá algo *acerca* de la oración. No será demasiado, pero se espera que será suficiente para proveer información sobre la naturaleza, el significado y las posibilidades de la oración. Se incluirán también algunas porciones de las Escrituras. Creo que las Escrituras son un recurso básico para la vida cristiana y la oración.

Cada día habrá tiempo para *reflexionar y anotar sus ideas*. Esta sección lo invita a escribir algunas de sus reflexiones. El grado de provecho que reciba de este cuaderno depende en gran parte de su fidelidad a esta práctica. Tal vez no podrá en cierto día en particular hacer lo que se le pida. Si es así, entonces sencillamente anote el hecho y escriba la razón por la cual no puede hacerlo. Esto le puede dar una comprensión de usted mismo/a que le ayudará en su crecimiento.

Cualquiera que sea la situación, no se sienta culpable. El énfasis está en el crecimiento, no en cumplir con la tarea simplemente. Así que tome el contenido y las instrucciones con seriedad, pero no servilmente. Siempre recuerde que éste es un peregrinaje personal. Lo que usted escriba es su propiedad personal. No tiene que compartir la información con nadie. Su importancia no está en lo que pueda significar para alguien más, sino lo que significa para usted. El escribir, aunque sean unos breves apuntes o recordatorios de una palabra, nos ayuda a clarificar nuestros sentimientos y pensamientos. Tal claridad es esencial para la oración. (Esto quiere decir que cada persona necesita tener un cuaderno. Nadie puede compartir el mismo libro con otra persona).

Usted podrá ir comprendiendo el significado de la sección *Reflexionar y anotar* a medida que avance en el estudio. Aun después del período de seis semanas, comprobará su valor al revisar lo que escribió cierto día en referencia a cierta situación en particular.

La tercera sección principal de las reflexiones diarias es *Durante el día*. Aquí encontrará sugerencias para hacer de su experiencia de oración parte de toda su vida. La dinámica de la oración es la comunión con Dios. La meta de la oración es una vida de amistad y compañerismo con Dios, cooperando con el Espíritu, llevando a cabo la voluntad de Dios en el mundo. *Durante el día* le pide a usted ser intencional al moverse de su tiempo específico de oración hacia una vida de oración, al buscar conscientemente que todos los aspectos de su vida se relacionen con Dios.

En la historia de la *piedad cristiana*, el director o guía espiritual ha sido una persona significativa. En diferentes formas, la mayoría de nosotros hemos tenido directores espirituales—personas a quienes hemos buscado para apoyo y dirección en nuestra peregrinación espiritual. En cierto sentido, este cuaderno puede ser una guía espiritual. Puede usarlo como una aventura privada sin participar en ningún grupo.

Su significado aumentará, sin embargo, si comparte la aventura con ocho a doce personas más. De esta manera, «el sacerdocio de todos los creyentes» cobrará vida y usted se beneficiará con los descubrimientos de los demás y ellos/as con los suyos. Se incluye, al fin de cada semana, una guía para que el grupo discuta el texto.

Si éste es un esfuerzo de grupo, todas las personas deben comenzar a considerar el texto el mismo día. De esa manera, cuando se reúnan como grupo, todos habrán estado meditando y habrán cubierto el mismo material. Les conviene tener una reunión para conocerse al comenzar la aventura. Una guía para esta primera reunión se encuentra en la página 13.

Para preparar un cuaderno como éste, he sentido que es necesario partir de ciertas presuposiciones básicas. Primeramente, he asumido que Dios existe, que Dios es bueno y que la comunicación con Dios es posible. Estas presuposiciones pueden debatirse, pero ése no es el propósito de este cuaderno. Sabemos que Dios es más grande que nuestra comprensión finita; pero aun así no podemos describir la realidad sin un Dios con características personales esenciales, tales como amor, propósito, poder y libertad. Si estas presuposiciones son problemáticas para usted, espero que tomará su actual entendimiento de Dios y sus conceptos de la realidad, y tratará de ajustarlos a las presuposiciones que le estamos sugiriendo como un *experimento* durante seis semanas. En su reflexión, considere las ideas que se presenten y trate de experimentar la comunión con Dios, que es de lo que trata la oración. Esto implica un pensamiento y una meditación enfocados. Involúcrese en la forma y modo que pueda, siempre tratando de ampliar su entendimiento y experiencia mediante la expe-rimentación. Para algunos/as la oración misma es un problema teológico. Repito, el propósito de este cuaderno es experimental, no argumentativo. Espero que si usted tiene problemas con la oración misma, actúe como si la oración fuera una posibilidad y ¡vea cómo resulta!

Una vez más, permítame hacer énfasis en que éste es su peregrinaje personal. Espero que usted comprenda mejor su propia historia. El cuaderno habrá logrado su propósito si le ayuda a encaminarse a una relación viva con Dios. Aun cuando compartamos esa jornada con los demás, usted necesita encontrar su camino particular. Hay una historia clásica acerca de un hombre santo en la India a quien le molestaban los ratones que jugaban cerca de donde él meditaba. Para calmar su irritación, consiguió un gato y lo amarró a una estaca cerca de él para alejar a los ratones. Nunca le explicó a sus discípulos por qué había colocado el gato en el cuarto donde meditaba. Por esa razón, los discípulos pensaron que debían tener un gato amarrado a una estaca cerca de ellos cuando meditaban, tal como lo hacía su maestro. Mi esperanza es que ustedes no cometan ese error al usar este cuaderno.

No hay nada dogmático, sagrado o mágico acerca de nada de lo que se sugiere como un ejercicio o práctica en este cuaderno. Es un medio, no un fin en sí mismo. Tome lo que encuentre aquí, pruébelo, conviva con ello y descubra cómo caminar hacia una oración viviente.

Quisiera reconocer y darle gracias al personal de El Aposento Alto y a los que hicieron una contribución especial en la preparación del cuaderno original. Esas personas incluyen al Dr. Wilson O. Weldon, al Obispo Rueben Job, al Reverendo Danny Morris, a la Sra. Lois Seifert, al Reverendo Stanley Smith, al Reverendo James Stewart, a la Sra. Lenore Jerome, al Dr. Barry Woodbridge y al Dr. Owen Owens.

## Sugerencias para la primera reunión de grupo

Las sesiones de grupo en este cuaderno están diseñadas para durar una hora y media (con la excepción de esta reunión inicial). Los que participen en el grupo deben hacer el pacto de asistir a todas las sesiones a menos que una emergencia se lo impida. Habrá siete sesiones semanales y la primera será para conocerse.

Un grupo de ocho a doce miembros es el tamaño adecuado. Un grupo con un mayor número de personas limita la participación individual.

Una persona puede proveer el liderato para todas las seis semanas o se puede asignar el líder de semana a semana. La tarea del líder es:

- modelar un estilo franco, honesto y cordial. (Un líder no debe pedir a los demás que hablen de lo que él o ella no esté dispuesto a hablar. Generalmente el líder debe ser la primera persona en hablar, especialmente si se relaciona con una experiencia personal).
- moderar la discusión.
- animar a los miembros renuentes a participar y tratar de impedir que unas cuantas personas dominen la conversación.
- mantener lo que se discuta centrado en la experiencia personal más que en un debate académico.
- respetar el horario. (Si parece necesario ir más allá de la hora y media, el líder debe estar seguro/a de que el grupo está de acuerdo en continuar otros veinte o treinta minutos más).
- cerciorarse de que todos saben el tiempo y el lugar de la reunión, especialmente si las reuniones se llevan a cabo en diferentes hogares.
- Asegurarse de que los materiales que se necesiten para las reuniones estén a la mano y que el salón donde se van a reunir esté listo a tiempo.

Es deseable que las reuniones semanales se lleven a cabo en los hogares de los participantes. (Los anfitriones deben asegurarse de que habrá el menor número de interrupciones posibles, esto es, niños, llamadas telefónicas, animales domésticos, etc.) Si las reuniones se llevan a cabo en la iglesia, deben ser en un lugar informal y cómodo. A los participantes se les insta a vestirse informalmente para sentirse cómodos y relajados.

Si se sirve algún refrigerio, esto debe hacerse después de la reunión. De esta manera los que deseen quedarse más tiempo para una discusión informal, pueden hacerlo; mientras que los que necesitan ajustarse al horario estarán libres para salir, pero obtendrán todo el beneficio del tiempo formal de la reunión.

Ya que la reunión inicial es con el propósito de conocerse y comenzar el peregrinaje de oración, esta es una manera de comenzar.

1. Pida a cada persona del grupo decir su nombre completo e indicar cómo quiere que se le llame. Haga a un lado los títulos. Diríjase a las personas por su nombre o su apodo. (Debe hacer una lista de los nombres en alguna parte de su cuaderno.)

2. Permita que cada persona del grupo relate alguna experiencia significativa que él o ella haya tenido durante las últimas tres o cuatro semanas. Después de que cada persona haya tenido la oportunidad de hablar, invite al grupo a cantar la Doxología («A Dios el Padre celestial») o «Alelu, alelu, alelu, aleluya, gloria a Dios».

3. Después de esta experiencia, pida a aquellas personas que estén dispuestas, a que hablen sobre sus expectativas acerca de este peregrinaje. ¿Por qué quieren participar en él? ¿Qué esperan recibir de la experiencia? ¿Cuáles son sus dudas o reservas?

4. El líder ahora debe repasar la introducción al cuaderno y preguntar si hay dudas acerca de las instrucciones y el procedimiento. (Esto quiere decir que el líder debe haber leído la introducción antes de la reunión.) Si las personas no han recibido copias del cuaderno, los libros deben repartirse ahora. *Recuerde que cada persona debe tener su propio cuaderno.*

5. El día uno en este cuaderno se refiere al día después de esta reunión inicial y la siguiente reunión debe observarse el Día Siete de la primera semana. Si el grupo tiene que llevar a cabo la próxima reunión semanal en un período mayor de siete días a partir de esta sesión inicial, la tarea de lectura debe *alinearse* en armonía con eso para que las reuniones semanales caigan siempre en el Día Siete y el Día Uno sea siempre el día después de la reunión semanal.

6. Después de repasar y asegurarse de que todos sepan dónde será la próxima reunión, el líder puede terminar con una oración, dando gracias a Dios por cada persona en el grupo, por la oportunidad para crecer y por la posibilidad de aprender a orar.

# Semana Una

## Orientarnos y comenzar la aventura

# INTRODUCCIÓN

## ¡ACEPTE EL MISTERIO Y EL PODER!

Mi nieto mayor, Nathan, celebró su octavo cumpleaños el 25 de septiembre de 1994. Cuando vino a visitarnos con sus padres y sus hermanas durante el verano del año 1993, jugamos beisból en el patio posterior. Es normal hacer eso —un abuelo que lanza una pelota a su nieto y luego va tras la pelota para lanzarla de nuevo. Pero cada vez que juego beisból con Nathan, casi lloro de gozo porque le puede pegar a la pelota con precisión y regularidad.

Hubo un tiempo cuando se nos dijo que eso no sucedería. Cuando Nathan tenía tres meses, sus padres notaron que sus ojos se movían mucho, pero casi nunca se enfocaban en nada. Lo llevaron con un oftamólogo pediatra, quien les dijo que Nathan tenía un problema congénito llamado nistagmo y que sus ojos básicamente siempre serían así. Luego dilató los ojos de Nathan y vio hacia adentro. De una manera casual el oftamólogo le dijo a la madre de Nathan, Kim, que Nathan tenía otro problema congénito llamado hipoplasia del nervio óptico. Éste es un defecto muy raro en el cual los nervios ópticos son la mitad del tamaño que deberían ser para que Nathan pudiera ver normalmente.

«¿Qué quiere decir eso?», preguntó Kim. «Oh bueno, por supuesto», comentó el médico como si estuviera discutiendo el tiempo, «jamás podrá ver normalmente; es un problema que no se puede corregir. Tal vez tendrá que ir a una escuela especial y cosas por el estilo. Pero no se preocupe mucho, a veces es una cosa de menor importancia y podrá ir a una escuela regular y sentarse al frente de la clase y cosas por el estilo».

«... ¿y cosas por el estilo?» —pensaba Kim— «Doctor, ¿está usted loco? Usted está hablando de mi hijo».

Se puede imaginar la angustia de los que conocían y amaban a Nathan, el dolor y la frustración que sintieron a partir de ese momento.

Cuando lo supe, naturalmente me puse en oración e invité a otros a orar. La noticia llegó a la cadena del ministerio de oración de El Aposento Alto así como a otros grupos relacionados con nuestra familia. Y hubo personas a través de los Estados Unidos que comenzaron a orar por Nathan.

Después de varias pruebas, se confirmó que Nathan tenía el problema. Ya para entonces no se podía hacer otra cosa más que aceptar el problema y prepararnos para que este niño pasara la vida con visión limitada.

Como un año más tarde, Kim y John, junto con Nathan se habían mudado a otra ciudad: Hartford, Connecticut. Fueron a ver un médico que se ocuparía de seguir atendiendo el caso de Nathan. Le entregaron el historial médico, el doctor examinó a Nathan y se sintió satisfecho con los resultados. Kim quedó tranquila, pero no muy emocionada. Luego el médico le dilató los ojos a Nathan. «Maravilloso», dijo él. «Estos nervios ópticos se ven bien, rosados y saludables».

En un sermón mucho después, Kim predicó acerca de esta experiencia:

«'¿Qué?', pensé. 'Dígame eso otra vez'. Casi dejé caer al piso a Nathan a causa de mi asombro. Sugerí que leyera el informe del primer doctor con más cuidado; después de todo el otro médico había usado palabras como «delgados» y «blancos» para describir los nervios ópticos. Bueno, el doctor estaba asombrado porque lo que vio y lo que el primer médico reportó estaban en polos opuestos. Y no sólo eso, sino que el nistagmo, que supuestamente jamás desaparecería, había disminuído considerablemente. Y ahora, aunque todavía está allí, no siempre se le nota.

Por supuesto, en el mundo de la medicina, debe haber confirmación así como explicación. Así que fuimos a consultar a un tercer médico para saber su opinión y él también estuvo de acuerdo en que no había ningún hipoplasia del nervio óptico. Estaban desconcertados acerca de la diferencia drástica. Pero de alguna manera, después que la sorpresa inicial pasó, ya no me sentía muy desconcertada. La primera impresión fue que el primer doctor se había equivocado. Nathan no había ayudado mucho en el primer examen; de hecho estaba muy enojado porque nosotros nos habíamos atrevido a sujetarlo. Así que tal vez el doctor no pudo ver muy bien. Pero el diagnóstico fue muy drástico si él no pudo ver muy bien. Y era un médico muy bueno, altamente reconocido en círculos médicos; hasta los doctores en Hartford lo conocen. ¿Había sido esto algo más que un error? ¿Podría ser la gracia de Dios?

Cuando recibimos el diagnóstico sobre Nathan por primera vez, lo comentamos con nuestra familia y con nuestras amistades, quienes a la vez hablaron con sus amigos y sus familias. Poco después recibíamos cartas de todas partes del mundo diciéndonos que estaban incluyendo a Nathan en sus oraciones diarias. ¿Podría ser esto un ejemplo del poder de la oración?

Me doy cuenta de que estoy pisando sobre terreno difícil aquí al tocar el tema del poder de la oración. Sin embargo, me acuerdo de la lección de hoy de las Escrituras hebreas. «*Porque mis pensamientos no son vuestros pensamientos, ni vuestros caminos mis caminos, dijo Jehová*». Hay un misterio divino aquí que nosotros no podemos profundizar en términos humanos. No podemos reducir a Dios a una escala humana; ni tampoco podemos asumir que si estos eventos no suceden todo el tiempo, eso quiere decir que jamás sucedan.

Pero conté esta historia por una razón. Creo que Nathan recibió la gracia de Dios. Creo que mi esposo, John, y yo recibimos la gracia de Dios. Y no tuvo *nada* que ver con méritos. Porque yo sé que si el mérito fuera el factor decisivo, no estaría parada aquí delante de ustedes, ni hubieran sido sanados los ojos de Nathan. Mi vida está tan manchada y empañada como la de cualquier otra persona. Y ¿qué gran obra pudo haber hecho Nathan a tan temprana edad que mereciera la gracia de Dios? Ésa es la hermosura y la paradoja de la gracia: Dios no demanda que nos *ganemos* sus bendiciones. La gracia y el amor de Dios transcienden nuestra habilidad humana para comprender. Pero aun sin entender estamos llamados a aceptar el don de la gracia, gratuitamente ofrecido, y a regocijarnos».

Estoy seguro que usted podrá comprender porqué no puedo menos que llorar cuando juego con Nathan y cuando él le pega a la pelota tres de cada cuatro veces; yo sé que ve muy bien.

Hay algo misterioso aquí y tenemos que decirlo así. No toda la gente por quien oramos se sana. Yo no comprendo eso. He orado por personas que han experimentado la sanidad. De hecho, cada domingo por la noche en nuestra iglesia, tenemos momentos de oración cuando ponemos las manos sobre las personas, las ungimos con aceite y oramos para que sanen—la sanidad de su cuerpo, su mente, sus emociones, sus relaciones. La sanidad no siempre viene—especialmente de la manera en la cual pedimos. Algunas de las personas por quienes oramos mueren. Es un gran misterio. Pero lo que también necesitamos saber y creer es que *hay gran poder*. Algunas cosas suceden cuando oramos que no acontecen si no oramos.

Mi experiencia con Nathan es dramática y no la comparto muy seguido precisamente porque es muy dramática. Y cuando la comparto, me apresuro a decir que el resultado de nuestras oraciones no es siempre igual. Subrayo el misterio. Sin embargo, la comparto para demostrar que la oración encierra misterio y poder. La oración es una de las maneras en que nos unimos a Dios; nos ponemos en el canal del poder de Dios y participamos con Él en el ministerio a todas las personas.

## DÍA UNO

*Es natural orar.*

Puede haber comido o no hoy. Pero antes de que termine el día, habrá comido algo—probablemente tres comidas y tal vez también un bocadillo entre comidas. El comer es natural y necesario.

Si no ha comido hoy, lo más probable es que se ha tomado una taza de café o té, o un vaso con agua o leche. El tomar es natural y necesario.

Como el comer y el beber, la oración no es ajena a nuestra naturaleza humana. La oración es tal vez el impulso más profundo del alma humana.

A Samuel Johnson se le preguntó en cierta ocasión cuál era el argumento más poderoso en favor de la oración. Él contestó: «No hay ningún argumento para la oración».

No quiso decir que la oración es irracional o que no hay argumentos convincentes para su práctica, sino que la oración es natural y universal. Todos nosotros oramos y oramos porque es parte de nuestra naturaleza.

La oración se relaciona con nuestra búsqueda de significado, con nuestro anhelo por relacionarnos, con nuestra necesidad de crecer. La oración, como quiera que se practique, es una expresión de nuestra hambre de Dios. Esta hambre es parte de lo que somos. Las palabras de Agustín son mucho más que un cliché piadoso: «Para ti fuimos hechos, oh Dios, y nuestro corazón está inquieto hasta encontrar su descanso en ti».

Vez tras vez el salmista nos recuerda la naturalidad y la universalidad de nuestra hambre de Dios.

*Salmo 63.1:*

> *¡Dios, Dios mío eres tú!*
> *¡De madrugada te buscaré!*
> *Mi alma tiene sed de ti,*
> *mi carne te anhela,*
> *en tierra seca y árida*
> *donde no hay aguas*

En el Sermón del monte, Jesús reconoce esta hambre natural por Dios. Más que eso, afirma que el hambre será saciada.

Mateo 5.6:
*Bienaventurados los que tienen hambre y sed de justicia, porque serán saciados.*

## Reflexionar y anotar

Una parte de nuestra aventura es reflexionar y escribir. La importancia de los apuntes escritos aumentará a medida que continúe el estudio. Reflexione y escriba su respuesta a las preguntas que siguen.

1. Nuestra sociedad nos ofrece una abundancia de comida y bebida durante un período de veinticuatro horas. ¿Se ha encontrado privado/a alguna vez de esta abundancia y ha experimentado hambre o sed en verdad? ¿Qué sintió cuando al fin encontró alimento?

2. Todos nosotros tenemos hambre de Dios. ¿Cómo se expresa esa hambre en su vida?

3. ¿Cómo cree que el hambre afecta a los demás? Piense en algunas personas en particular. Nómbrelas e indique en una frase u oración cómo se manifiesta esa hambre en ellos.

4. El mirar a otras personas a veces nos ayuda a vernos a nosotros mismos. Escriba dos o tres oraciones describiendo cómo se siente en este momento acerca de su hambre de Dios.

5. Al comenzar esta aventura, considere esta palabra de la epístola de Santiago: «*Si alguno de vosotros tiene falta de sabiduría, pídala a Dios, el cual da a todos abundantemente y sin reproche, y le será dada*» (Santiago 1.5).

Yo creo que el Espíritu Santo de Dios es el gran maestro. He confiado en el Espíritu al preparar este cuaderno. Su parte es confiar en que Dios usará este proceso para ayudarle a aprender a orar. Ahora, en su propio corazón, haga esta afirmación:

Quiero aprender a orar.

Abro mi mente a ti, oh Dios.

Enséñame a orar.

## Durante el día

Si se acuerda de esta experiencia a cualquier hora durante este día o esta noche, trate de recordar a las personas que mencionó en quienes ha observado el hambre de Dios. Sencillamente pídale a Dios que las bendiga y que satisfaga su anhelo. Préstese para que Dios lo use para suplir esta necesidad.

# _____ DÍA DOS _____

*No es fácil orar.*

Como seres *vivientes*, respiramos, comemos, bebemos, dormimos. *El orar* es parte de nuestra naturaleza como seres *humanos*. Ésta es una de las maneras en que expresamos nuestra hambre natural por Dios. Es natural, pero no es fácil.

Hay una diferencia entre la tendencia a orar y la práctica de la oración. Tenemos la tendencia a orar —el clamor al enfrentarnos al dolor o los problemas, el grito espontáneo de gozo ante la presencia de algo hermoso, de logros o de satisfacción. Nos expresamos así según el humor y las circunstancias de nuestra vida.

El llevar una vida de oración es otra cosa. El orar concienzudamente no es fácil. Requiere compromiso y disciplina. No se condene a sí mismo si descubre que el orar es difícil. Para la mayoría de nosotros lo es. Aun aquellas personas que llamamos *santos* descubrieron o encuentran que el orar es difícil. Lea los diarios y las confesiones de ellos y los verá luchando, buscando, bregando para convertir la tendencia natural a orar en una práctica en su vida cotidiana. Los discípulos no lo consideraron fácil.

Marcos 14.32-42:

*Vinieron, pues, a un lugar que se llama Getsemaní, y dijo a sus discípulos: «Sentaos aquí, entre tanto que yo oro». Y tomó consigo a Pedro, a Jacobo y a Juan. Y comenzó a entristecerse y a angustiarse. Y les dijo: «Mi alma está muy triste, hasta la muerte, quedaos aquí y velad». Yéndose un poco adelante, se postró en tierra, y oró que, si fuera posible, pasara de él aquella hora. Y decía: «Abba, Padre, todas las cosas son posibles para ti. Aparta de mí esta copa, pero no se haga lo que yo quiero, sino lo que quieres tú». Vino luego y los halló durmiendo, y dijo a Pedro: «Simón, ¿duermes? ¿No has podido velar una hora? Velad y orad para que no entréis en tentación; el espíritu a la verdad está dispuesto, pero la carne es débil». Otra vez fue y oró, diciendo las mismas palabras. Al volver, otra vez los halló durmiendo, porque los ojos de ellos estaban cargados de sueño, y no sabían qué responderle. Vino la tercera vez, y les dijo: «¡Dormid ya y descansad! ¡Basta, la hora ha llegado! He aquí, el Hijo del hombre es entregado en manos de los pecadores. ¡Levantaos! ¡vamos! Ya se acerca el que me entrega».*

La disciplina, pues, es parte de la vida de oración. El propósito de la disciplina, sin embargo, es intensificar y aumentar la dimensión espontánea de la oración.

## Reflexionar y anotar

1. Piense acerca de sus últimos dos años de vida. En el espacio arriba de la línea de tiempo que se encuentra abajo, escriba la letra (**A** = alto, **M** = mediano, o **B** =bajo) que mejor describa su vida de oración en términos de altas y bajas durante ese período de tiempo.

————————I——————————I——————————I——————————I——————————I——————————

hace 2 años  hace 18 meses  hace 1 año  hace 6 meses  ahora

2. Identifique y escriba aquí las circunstancias o eventos mayores en los períodos bajos y altos de su vida de oración.

3. ¿Cuáles son las dificultades fundamentales que tiene en cuanto a la oración?

## *Durante el día*

Piense en esto: Cristo quiere que yo ore de una manera natural, pero él comprende mis dificultades para orar de una manera disciplinada. Él quiere que yo encuentre una disciplina creativa que me libere para orar más profunda y significativamente.

Ayer usted nombró a algunas personas y anotó cómo ve el hambre de Dios manifestada en ellas. ¿Se acordó de ellas durante el día? ¿Por qué no las llama por teléfono o les escribe una nota hoy? Si se siente cómodo haciéndolo, puede decirles precisamente porqué las está llamando o les está escribiendo (ésta será una buena manera de compartir su propia experiencia con ellas), o sencillamente les puede comunicar que está pensando en ellas. Esta actividad hará que su oración sea una experiencia *viviente*.

## _____ DÍA TRES _____

«*Gustad y ved que es bueno Jehová*».

Salmo 34.4-8
*Busqué a Jehová, y él me oyó*
*y me libró de todos mis temores.*
*Los que miraron a él fueron alumbrados*
*y sus rostros no fueron avergonzados.*
*Éste pobre clamó, y lo oyó Jehová*
*y lo libró de todas sus angustias.*
*El ángel de Jehová acampa alrededor de los que lo temen*
*y los defiende.*
*Gustad y ved que es bueno Jehová.*
*¡Bienaventurado el hombre que confía en él!*

Al continuar su aventura, pase cinco minutos en silencio pensando acerca de la frase: «*Gustad, y ved que es bueno Jehová*». No argumente en su mente acerca de si usted expresaría este pensamiento de la misma manera; sencillamente considere la idea. Deje que le dé vuelta en la cabeza y que le diga lo que tiene que decirle. Al comenzar su período de silencio, repita la frase cinco veces como sigue (haga hincapié en las palabras subrayadas en cada oración):

¡<u>Gustad</u> y <u>ved</u> que es bueno Jehová!
¡Gustad y ved que es bueno <u>Jehová</u>!
¡Gustad y ved que <u>es</u> bueno Jehová!
¡Gustad y ved que es <u>bueno</u> Jehová!

¡Gustad y ved que es bueno Jehova!

En el margen anote lo que venga a su mente en el silencio. Cada vez que llegue a este símbolo († † †) en su cuaderno, favor de detenerse para reflexionar, para orar y para seguir las sugerencias antes de continuar con su lectura.

En la oración, comenzamos con Dios y terminamos con Dios. *¡El Dios a quien oramos es bueno!* Esta gran afirmación de la fe cristiana es la base principal sobre la cual edificamos nuestra vida de oración. Sabemos que la bondad de Dios al darnos la vida y nuestro mundo ha sido usada para propósitos malos. Experimentamos muchas cosas que no son buenas. Sin embargo, Dios siempre nos ofrece lo bueno en todas las circunstancias. Esto es exactamente lo que Jesús dijo en una de sus palabras más intrépidas acerca de la oración: «*Pues si vosotros, siendo malos, sabéis dar buenas dádivas a vuestros hijos, ¿cuánto más vuestro Padre que está en los cielos dará buenas cosas a los que le pidan?*» (Mateo 7.11). *El Dios a quien oramos es bueno.*

## Reflexionar y anotar

Mi comprensión del significado de «Dios es bueno» se ha agrandado a través de los años. La Biblia afirma la bondad de Dios, pero durante la mayor parte de mi vida lo interpreté como que Dios era «religiosamente bueno». La «bondad de Dios» era más *descriptiva* que *práctica*.

Nuestro orar cambia cuando comprendemos que el que Dios «sea bueno» es como cuando nosotros «somos buenos». El ser bueno es cuando menos vivir conforme a lo más alto y lo mejor que sabemos. Agregue a eso el hecho de que Dios ciertamente debe saber cuál es el más alto bien de todos y que el ser bueno implica hacer el bien. Podemos confiar nuestra vida a un Dios «bueno».

1. Considere la oración tal como la ha practicado. ¿Ha estado arraigada en la convicción de que Dios es bueno? ¿Qué indica esto acerca de la manera en que muchos de nosotros le *pedimos* a Dios que haga algo?

2. Agustín dijo: «[Dios] ama a cada uno como si sólo hubiera uno de nosotros para amar». Piense acerca de cinco frases sencillas que indican su reacción a este hecho, tales como: «Nunca había pensado en eso de esa manera», «Es difícil de creer», etc.

a.

b.

c.

d.

e.

## Durante el día

«*Gustad y ved que es bueno Jehová*». Escriba esta declaración en sus propias palabras (Por ejemplo: «Que todos mis sentidos experimenten que el Señor es bueno»); repítaselas a sí mismo/a y piense en esas palabras cuantas veces pueda recordarlas.

# Día Cuatro

*Dios es bueno y puedo comunicarme con Dios.*

«*Gustad y ved que es bueno Jehová*». Dios es bueno y nos quiere dar buenas dádivas. Ésta es una presuposición principal en la oración.

Una segunda presuposición es que la *comunicación con Dios es posible*. Eso parece sencillo y obvio, pero ¿lo es? Ésta ha sido una de las más grandes dificultades en mi vida—creer que podía hablar con Dios y que Dios me *escucharía* y me *contestaría*.

Ésta es una afirmación enorme que necesita ser asentada firmemente en nuestra mente al principio de esta aventura en la oración. Lo que quiere decir es que yo, entre los millones de personas en el mundo, puedo tener comunicación personal con Dios.

La imagen dominante de Dios en el Nuevo Testamento es la de *padre*. Ésta era la palabra descriptiva de Jesús acerca de la naturaleza de Dios. En el Sermón del monte, usó esta descripción para ayudarnos a poner nuestras preocupaciones en perspectiva.

Mateo 6.25-26:

> *Por tanto os digo: No os angustiéis por vuestra vida, qué habeis de comer o qué habéis de beber; ni por vuestro cuerpo, qué habéis de vestir. ¿No es la vida más que el alimento y el cuerpo más que el vestido? Mirad las aves del cielo, que no siembran, ni siegan, ni recogen en graneros; y sin embargo, vuestro Padre celestial las alimenta. ¿No valéis vosotros mucho más que ellas?*

Dios es como un pastor que echa de menos una sola oveja perdida del redil, como una ama de casa que barre la casa para encontrar una moneda perdida, como un padre que se aflige por un hijo que ha abandonado su hogar (Lucas 15). «*No es la voluntad de vuestro Padre que está en los cielos que se pierda uno de estos pequeños*» (Mateo 18.14).

Tome cinco minutos y piense acerca de eso. Dios se preocupa por cada uno de nosotros como individuos. ¿Es difícil para usted aceptar esto? ¿Lo cree? ¿Ha estado orando como si lo creyera? Dios se preocupa por _____.

Escriba su nombre completo en el espacio en blanco. Ahora tome tres minutos y centre su atención en esta verdad monumental.

† † †

Una de las características de un padre amoroso es el deseo de comunicarse con sus hijos e hijas. Este deseo de comunicarse puede expresarse directamente (como en el interés y la preocupación mostrados en querer estar con ellos), o indirectamente (como en los momentos en que el padre se abstiene de ofrecer la sabiduría de su experiencia para animar a sus hijos e hijas a pensar y juzgar por sí mismos/as). Si Dios es como un padre, entonces la comunicación, directa o indirectamente, debe ser un asunto central en nuestra relación.

## Reflexionar y anotar

Medite ahora acerca de Dios como un padre amoroso que quiere comunicarse con usted. Dios quiere oír lo que usted está sintiendo, pensando y deseando. Si en verdad cree esto, ¿cuáles son las cinco cosas más importantes que le gustaría decirle a Dios?

1.
2.
3.
4.
5.

En una oración de clausura déle «gracias» a Dios tal como le daría las gracias a un padre amoroso.

## Durante el día

Dios, como un padre amoroso, quiere estar en contacto con sus hijos e hijas. Durante el día recuerde que:

—Dios es bueno;
—Dios se preocupa por nosotros;
—Dios quiere que usted se comunique con Él.

Busque unos minutos de quietud durante diferentes momentos de este día y sencillamente hable con Dios acerca de lo que es importante para usted hoy.

# DÍA CINCO

*La oración es un privilegio, no un deber.*

Lo que ha estado experimentando durante los últimos cuatro días, en verdad, toda su experiencia con la oración, determinará su reacción a esta gran idea que queremos considerar hoy. *La oración es un privilegio, no un deber.*

Anteriormente durante esta semana consideramos cómo la disciplina parece quitarle la espontaneidad a la oración. Muchos de nosotros vemos la oración como una disciplina, como un deber, algo que tenemos que hacer. Se nos ha enseñado que *debemos* orar, y cuando no lo hacemos, nos sentimos culpables. Tomaremos un paso gigante hacia adelante en nuestra aventura cuando cesemos de ver la oración como un deber y comencemos a verla como un privilegio. Como un privilegio, la disciplina de orar se convierte en una libertad creativa, no una esclavitud al deber. Considere este testimonio de Sir Wilfred Grenfell:

El privilegio de la oración es para mí una de las más preciadas posesiones, porque la fe y la experiencia me convencen de que Dios mismo ve y responde, y jamás me aventuro a criticar sus respuestas. Mi deber es únicamente pedir. Es de [Dios] enteramente dar o detener, ya que [Dios] sabe mejor que nosotros lo que conviene. Si fuera de otra manera, no me atrevería a orar. En la quietud del hogar, en las presiones de la vida y en los conflictos, al encarar la muerte, el privilegio de poder hablar con Dios es inestimable. Le doy más valor porque no requiere nada que el caminante, aunque sea un/a tonto/a, no pueda dar —esto es, la más sencilla expresión de su deseo más sencillo. Cuando no puedo ni ver, ni oír, ni hablar, aún puedo orar para que Dios pueda oír. Cuando yo finalmente pase por el valle de la sombra de la muerte, espero pasar por él conversando con [Dios].[1]

Hay mucho para meditar en este pasaje; vuélvalo a leer lentamente.

† † †

Ponga ese testimonio de un gran discípulo cristiano al lado de la palabra del salmista cuya hambre por Dios conocimos el primer día de nuestra aventura de oración.

Salmo 63.1-8:

> ¡Dios, Dios mío eres tú!
> ¡De madrugada te buscaré!
> Mi alma tiene sed de ti,
> mi carne te anhela
> en tierra seca y árida donde no hay aguas,
> para ver tu poder y tu gloria,
> así como te he mirado en el santuario.
> Porque mejor es tu misericoridia que la vida,
> mis labios te alabarán.
> Así te bendeciré en mi vida;
> en tu nombre alzaré mis manos.
> Como de médula y de grosura será saciada mi alma,
> y con labios de júbilo te alabará mi boca,
> cuando me acuerde de ti en mi lecho,
> cuando medite en ti en las vigilias de la noche,
> porque has sido mi socorro
> y así en la sombra de tus alas me regocijaré.
> Está mi alma apegada a ti;
> tu diestra me ha sostenido.

Así como el amor y la amistad, la música, los libros, el arte, la risa y la diversión, la oración es un privilegio, una gran oportunidad *para ser encontrado*. El no orar es como robarse a uno mismo. Somos libres para orar. Es privilegio de todos. Tenemos el privilegio de estar en comunión con Dios, de sentir su presencia, de tener conciencia de su dirección. Trate de experimentar la presencia de Dios ahora. Póngase en una posición relajada. Tal vez querrá acostarse de espalda. Si decide sentarse, ponga ambos pies en el suelo.

Siéntese en una postura cómoda. Cierre los ojos e imagínese que Cristo está allí con usted.

Repita tres veces en voz alta, pero calladamente: *Jesucristo, Jesucristo, Jesucristo.* Ahora quieta, deliberada y reverentemente, con pausas grandes entre cada palabra, repita tres veces: *Jesucristo, Jesucristo, Jesucristo.*

Continúe imaginándose la presencia de Cristo con usted y guarde silencio en su presencia por dos o tres minutos.

Ahora lea en voz alta el Salmo 23 lenta y pausadamente.

> *JEHOVÁ es mi pastor, nada me faltará.*
> *En lugares de delicados pastos me hará descansar;*
> *junto a aguas de reposo me pastoreará.*
> *Confortará mi alma.*
> *Me guiará por sendas de justicia por amor de su nombre.*
> *Aunque ande en valle de sombra de muerte,*
> *no temeré mal alguno, porque tú estarás conmigo;*
> *Tu vara y tu cayado me infundirán aliento.*
> *Aderezas mesa delante de mí*
> *en presencia de mis angustiadores;*
> *unges mi cabeza con aceite, mi copa está rebosando.*
> *Ciertamente el bien y la misericordia me seguirán todos los días de mi vida,*
> *y en la casa de Jehová moraré por largos días.*

Quédese quieto ahora, deje que los pensamientos invadan su mente y corazón. Tal vez querrá regresar y volver a leer el salmo calladamente y hacer pausas para meditar sobre algunas palabras que tengan un significado especial para usted hoy. Ponga su cuaderno a un lado y pase cinco o diez minutos pensando acerca de este salmo.

† † †

## Reflexionar y anotar

¿Tuvo problemas practicando esa «concentración del pensamiento» durante cinco minutos? No se sienta mal. Estamos aprendiendo; Dios nos acepta en el nivel donde nos encontramos.

1. El escribir sus contestaciones a la siguiente pregunta le ayudará a reflexionar sobre lo que ha experimentado al considerar el Salmo 23. ¿Ha sentido que Dios está verdaderamente con usted en estos últimos minutos?

¿En qué momento comenzó a sentir la presencia de Dios?

2. Hay un número de imágenes en el Salmo 23: un pastor guiándonos, lugares de delicados pastos, aguas de reposo, restauración del alma, sendas de justicia, sombra de la muerte, consuelo, ungimiento con aceite, una copa que rebosa. Identifique las imágenes que son especialmente significativas para usted. ¿Que significan para usted?

Dé gracias a Dios por su presencia con usted ahora y pida que se le conceda estar consciente de su presencia durante las próximas veinticuatro horas.

† † †

## Durante el día

Antes de dejar su sitio ahora, seleccione tres tiempos específicos durante las próximas veinticuatro horas cuando usted deliberadamente buscará estar consciente de la presencia de Dios (al hacer una pausa para tomar café, al ir o venir del trabajo, mientras está esperando a alguien, durante la comida, etc.). Escríbalos como un acto de compromiso.

1.
2.
3.

## _____ DÍA SEIS _____

*Ore para experimentar que Dios es real.*

1. Al comenzar estos momentos a solas hoy, reflexione sobre sus experiencias de ayer. ¿Le dio seguimiento a percatarse de la presencia de Dios durante el día tal como se sugirió? ¿Qué significado tuvo? Evalúe cómo le fue con ese ejercicio. Use este espacio para su evaluación y reacción.

2. Recuerde los otros días de nuestra aventura. Tal vez querrá repasar algunas de las cosas que ha escrito en esos días. Sea honesto/a consigo mismo/a y escriba unas cuantas oraciones sobre lo que está sintiendo respecto a esta aventura, la disciplina creativa que demanda, los problemas que ha encontrado. Luego pídale a Dios que le ayude a hacer uso creativo de estas experiencias al continuar esta aventura.

La primera oración del Salmo 63 es una gran declaración personal: «¡*Dios, Dios mío eres tú!*». El corazón de la oración es la comunión. Comunión quiere decir estar con, en unión, compartiendo. Vuelva a leer la parte del Salmo 63 impreso en el cuaderno para el día de ayer.

Nada es real en nuestra experiencia con excepción de aquellas cosas con las cuales habitualmente tratamos. Las personas dicen que no oran porque Dios no es real para ellas. Una declaración más auténtica sería que Dios no es real porque no oran. Henry Emerson Fosdick lo describe:

> La práctica de la oración es necesaria para hacer de Dios no sólo una idea mantenida en la mente, sino una Presencia reconocida en la vida. En una exclamación que vino del corazón de la religión personal, el salmista clamó: «*Dios, Dios mío eres tú*» (Salmo 63.1). El pararse muy lejos y decir «*Oh Dios*» no es difícil...pero es un asunto íntimo y profundo el decir: «*Dios, Dios mío eres tú*». Lo primero es teología; lo segundo es religión; lo primero tiene que ver sólo con la opinión; lo segundo trata con una experiencia vital; lo primero tiene que ser alcanzado con el pensamiento, lo segundo ha de alcanzarse con la oración; lo primero deja a Dios muy lejos, solamente lo segundo hace [a Dios] real. De hecho, todo servicio cristiano donde conscientemente nos aliamos con el propósito de Dios y toda perspectiva dentro de la historia, donde vemos la providencia de Dios obrando, nos ayuda a que Dios sea real para nosotros; pero hay una seguridad interior acerca de Dios que viene sólo de la comunión personal con Dios.[2]

¿Es ésta una nueva idea para usted? ¿Ha dejado de orar consistentemente porque Dios no le parecía real? Note la perspectiva: *Dios no parece ser real porque nosotros no oramos*. ¿Entiende lo que eso implica? Si queremos sentir la presencia de Dios, tenemos que orar. Medite sobre esto por unos minutos. Es una idea importante *acerca* de Dios. ¿Cómo se acomoda a su experiencia *de* Dios?

† † †

# Reflexionar y anotar

Comenzamos esta aventura con esta afirmación:

> Quiero aprender a orar.
> Abro mi mente a tí, oh Dios.
> Enséñame a orar.
> ¿Puede convertir eso en una oración ardiente?

Oh Dios, deseo que tú seas *mi* Dios. Quiero que seas tan real para mí como una experiencia de vida. Comienzo a comprender que tal experiencia puede ser mía mediante la oración. Así que enséñame a orar.

Escriba una oración como ésta en sus propias palabras.

## Durante el día

Piense en esta oración durante el día:
«*¡Dios, Dios mío eres tú!*».

# _____ DÍA SIETE _____

*La oración es una relación.*

La oración es una relación. Quiere decir *estar* con Dios. Significa *encuentro*. Es una relación personal en la que usted y Dios cambian de un *hola* de cortesía a un *abrazo* de amor. Es comunión. Todas las demás dimensiones de la oración tienen que tomar un segundo lugar ante esta dimensión primaria.

El tener una relación es un asunto personal. En la oración nos estamos relacionando específicamente con Dios, quien demanda nuestra fidelidad, nos llama a amar con todo nuestro corazón, alma y fuerza: «*Oye, Israel: Jehová nuestro Dios, Jehová uno es. Y amarás a Jehová tu Dios de todo tu corazón, y de toda tu alma y con todas tus fuerzas*» (Deuteronomio 6.4-5).

El Arzobispo Anthony Bloom habla acerca de esto de una manera provocativa. Dice que una relación llega a ser significativa y real en el momento en que usted comienza a separar a una persona de la multitud. La oración se hace real cuando cesa de ser una relación en tercera persona y lo es en la primera y segunda personas, cuando Dios llega a ser más que el remoto «Todopoderoso» y llega a ser el singular e inimitable «tú». El salmista había descubierto esto: «*¡Dios, Dios mío eres tú!*».

Anthony Bloom lleva esta analogía sobre el nombre hasta el extremo en cuanto a la relación personal. Denominamos a una persona según lo que él o ella significa para nosotros. Esto puede ser un apodo. Él dice que David llegó a este punto cuando clamó a Dios: «*¡Oh tú, mi gozo!*»

Salmo 91.1-2:

> *El que habita al abrigo del Altísimo*
> *morará bajo la sombra del Omnipotente.*
> *Diré yo a Jehová: Esperanza mía y castillo mío;*
> *mi Dios, en quien confiaré.*

Salmo 27.1:

> *Jehová es mi luz y mi salvación;*
> *¿de quien temeré?*
> *Jehová es la fortaleza de mi vida,*
> *¿de quién he de atemorizarme?*

El punto es que la oración alcanza su mayor altura cuando llamamos a Dios de acuerdo a nuestra experiencia de Dios. «¡Oh tú, mi gozo!» «¡Oh Dios, mi roca!» «¡Oh Salvador maravilloso!»

El nombre que le damos a Dios determina cómo experimentamos a Dios. Algunas personas sólo pueden nombrar a Dios de tal manera que los lleva a experimentarlo como un enemigo o como un propietario ausente. Pero al conocer a Dios por medio de Jesús y por nuestra relación personal, podemos conocer al siempre amante Dios como nuestro amigo más íntimo.

El nombrar puede transformar y dar profundidad a nuestra manera de orar. Podemos ser honestos con Dios. La oración entonces llega a ser un ordenar de nuestros sentimientos al traerlos ante Dios, a quien le importamos y quien comprende. Es clarificar nuestros deseos y nuestras necesidades, y adquirir perspectiva a la luz del amor y la voluntad de Dios.

Seamos específicos en cuanto a nuestra experiencia de esta relación hoy.

## Reflexionar y anotar

1. ¿Cómo se dirigirá a Dios hoy? ¿Con qué nombre o nombres llamará a Dios?

2. Una relación significa no sólo *nombrar* a Dios por lo que Dios representa para nosotros, sino que quiere decir confiar en esa relación y presentarle nuestros sentimientos a Dios, quien cuida de nosotros y nos entiende. ¿Qué sentimientos o necesidades le trae a Dios hoy?

3. ¿Qué sucede con sus deseos? Preséntenoselos específicamente a Dios. Anótelos.

Vea la lista de sus deseos ahora a la luz del amor de Dios y lo que usted cree que es su voluntad. ¿Cree ahora que sus deseos están en armonía con el amor y la voluntad de Dios? Entonces pídale a Dios que le conceda sus deseos.

## Durante el día

Ésta puede ser su tarea más difícil, pero trate de hacerla. Seleccione a una persona con quien tiene un relación íntima, una persona de confianza, alguien con quien va a pasar algún tiempo hoy (o tome la oportunidad para pasar tiempo con tal persona). Hable con esa persona acerca de su aventura de oración. Especialmente identifique y discuta las similaridades de su relación con su amigo o amiga y su relación con Dios. (Si tiene problema con esto, vuelva a leer las instrucciones de hoy acerca de la oración como una relación.)

Si está participando en un grupo, lea las siguientes instrucciones para estar familiarizado con lo que se espera de usted.

## _____ REUNIÓN DE GRUPO PARA LA SEMANA UNA _____

## Introducción

Estas sesiones de grupo serán muy significativas porque reflejan la experiencia de todos los participantes. La guía es sencillamente un esfuerzo para propiciar el compartir personal. Por lo tanto, no sea muy rígido/a al seguir estas sugerencias. El líder, especialmente, debe tratar de ser sensible a lo que está sucediendo en la vida de los participantes y de enfocar el compartir del grupo en esas experiencias. Las ideas son importantes. Debemos examinar las nuevas ideas, así como aquellas con las cuales no estamos de acuerdo. Es importante, sin embargo, que la reunión de grupo no se convierta en un debate acerca de ideas. El énfasis debe ser en las personas—las experiencias, los sentimientos y su significado.

A medida que el grupo llegue al punto en que todos puedan compartir honesta y abiertamente acerca de lo que está pasando en su vida, más significativa será la experiencia. Esto no quiere decir que deben compartir sólo lo bueno o lo positivo; hay que compartir también las luchas, las dificultades, lo negativo. El edificar una vida de oración implica lucha y cambio. No siempre _sentiremos_ la presencia de Dios. No obstante, el orar no depende de los sentimientos. No tema hablar de sus períodos áridos, sus valles, sus altiplanos, así como sus montañas.

## Tiempo para la reflexión de grupo

1. Puede comenzar dando tiempo para que cada persona del grupo hable acerca de su día más significativo con el cuaderno esta semana. El líder debe ser el primero en compartir. Diga porqué ese día en particular fue tan significativo.

2. Ahora comparta acerca del día en que le resultó más difícil el ejercicio. Diga lo que experimentó y por qué fue tan difícil.

3. Mucho de lo que sabemos y hemos experimentado en cuanto a la oración nos ha llegado a través de otras personas. ¿Cuál es la persona, en su experiencia, que ha tenido mas influencia en su vida de oración? Diga no sólo el nombre, sino también cómo él o ella influyó en usted. ¿Fue porque sus oraciones fueron contestadas? ¿Fue sencillamente cuestión de fe? ¿Fue su espíritu amoroso? ¿Su confianza absoluta? ¿Su perseverancia? ¿Su disciplina? ¿Su gozo?

4. Algunos de nosotros tenemos problemas u obsesiones respecto a la oración debido a experiencias en el pasado. ¿Ha tenido alguna mala experiencia sobre la oración, alguien o alguna experiencia que afectó negativamente su vida de oración? Relate la experiencia y cuente cómo venció o está luchando con la experiencia negativa.

5. Deje que cada persona del grupo cuente la experiencia de oración más significativa de su vida.

## Para orar juntos

La oración colectiva es una de las bendiciones más grandes de la comunidad cristiana. La semana entrante vamos a tratar con la enseñanza de Jesús: «*Si dos de vosotros se ponen de acuerdo…*». Hay poder en la oración colectiva y es importante que esta dimensión sea incluída en nuestro peregrinaje de oración.

También es importante que usted se sienta cómodo/a con esto y que no se obligue a nadie a orar en voz alta. La oración colectiva en silencio es tan vital y significativa como la oración colectiva verbal. Planifique cuando menos quince minutos para la oración colectiva (generalmente al final) de cada reunión de grupo.

Dios no necesita oír nuestras palabras en voz alta para escuchar nuestras oraciones. El silencio, donde el pensamiento se centra y la atención se enfoca, nos puede proveer nuestros más profundos períodos de oración. Hay poder, no obstante, en una comunidad en una jornada común, que expresa sus pensamientos y sentimientos a Dios en la presencia de sus compañeros en la jornada de la fe.

Las oraciones deben ofrecerse espontáneamente conforme cualquier persona decida orar en voz alta—no debe decirse: «vamos a ir alrededor del círculo ahora y cada quien ore».

Se ofrecerán sugerencias para estos momentos de oración juntos cada semana. El líder para la semana debe tomar éstas solamente como sugerencias. Lo que está sucediendo en la reunión—la disposición, las necesidades que se expresen, el momento oportuno— debe determinar la dirección del grupo al orar juntos. A continuación hay unas sugerencias para este período de clausura.

1. Deje que el grupo piense acerca de lo que se compartió durante esta sesión. ¿Qué necesidades personales o preocupaciones surgieron al compartir? Menciónelas en voz alta—cualquier persona puede mencionar alguna necesidad o preocupación que haya sido expresada. No vacile en mencionar alguna preocupación de la que se haya dado cuenta respecto a alguien más, tal como: «María no pudo estar con nosotros esta semana porque su hijo está en el hospital. Vamos a orar por su hijo y por ella».

Conviene que cada persona tome nota de las preocupaciones y necesidades que se mencionen. Participe deliberadamente en un período de silencio. Deje que el líder exprese cada una de estas necesidades sucesivamente, permitiendo un breve período después de cada una para que las personas del grupo puedan centrar su atención en la oración por la persona, la necesidad o la preocupación mencionada. Todo esto será en silencio, mientras cada persona ora a su manera.

2. Permita que el líder clausure este tiempo de compartir diciendo algo como esto: «Un día esta semana tratamos sobre la idea de que 'Dios ama a todos como si hubiera

sólo uno de nosotros para amar'. Vamos a terminar este período de oración juntos invitando a cuantos lo deseen a decir una palabra o frase que corresponda a su reacción a esa declaración de que Dios lo ama como si usted fuera el único para amar. Ofrezca su respuesta en voz alta y haremos una pausa brevemente entre cada respuesta». Cuando todos los que quieran hayan compartido, el líder puede decir algo como: «Vamos a afirmar nuestra confianza en el amor de Dios diciendo juntos: 'Amén'».

# SEMANA DOS

Con Cristo
en la escuela
de la oración

# INTRODUCCIÓN
## Semana Dos

## LA MANERA EN QUE JESÚS ORABA

Durante esta semana nuestro enfoque está en las directrices que Jesús nos dio acerca de la oración. Todo esto es muy importante y estoy seguro de que hallará gran significado en el tema. Pero hay algunas cosas que necesitan decirse. Más que decirnos algo acerca de la oración, Jesús nos mostró lo que era la oración. No fue lo que Jesús dijo lo que hizo que sus discípulos le pidieran que les enseñara a orar; fue la manera en que lo vieron orar.

Jesús se iba solo a orar a menudo. Los discípulos se dieron cuenta de eso. Jesús se encontraba a solas con Dios con regularidad. Eso me inspira. En mi propia vida, descubro que es absolutamente esencial estar a solas con Dios.

Su demostración más dramática de la oración, la cual nos enseña mucho acerca de la naturaleza de la misma, la vemos en el huerto de Getsemaní. Usted conoce la historia. Jesús había terminado su celebración de la Pascua con los discípulos. Era la noche en que él sería traicionado. La cruz se asomaba ominosamente por la senda de su vida. Así que Jesús hizo lo que siempre hacía: oró. Se llevó a algunos de sus discípulos consigo, pero los dejó en cierto lugar y entró más adentro en el huerto para estar solo. Allí, según las Escrituras, la angustia de Jesús era tan intensa, su lucha al orar era tan pesada que su sudor era como gotas de sangre. Usted sabe la culminación de esa oración: «...*no se haga mi voluntad, sino la tuya*» (Lucas 22.42, RVR). No era que Jesús quería ir a la cruz —de ninguna manera. De hecho, oró que «*pase de mí esta copa*». Pero el climax de su oración fue la sumisión: «...*no se haga mi voluntad, sino la tuya*».

Esto es lo que estoy aprendiendo: aunque la voluntad de Dios sea dura y exigente, no hay porque *temerla*. Me molesta que aun la manera en que hablamos de la voluntad de Dios sea un bloque o una piedra de tropiezo para quienes todavía no han hecho un compromiso cristiano. Si nosotras, las personas cristianas que profesamos conocer y confiar en Dios, *tememos* la voluntad de Dios, ¿por qué nos sorprende que los que quieren ser cristianos, los que todavía están «fuera» de la fe vean la voluntad de Dios como algo que temer y resistir?

Al escribir esto, estoy pasando por la transición más dolorosa que haya conocido en mis años en el ministerio. He sido el pastor de la Iglesia Metodista Unida Christ en Memphis durante doce años y me voy para ser presidente del Seminario Teológico Asbury. Ha sido muy doloroso el hacer este cambio. Estoy seguro del llamamiento de

Dios, pero eso no trae alivio a mi dolor y mi tristeza. Todavía no comprendo porqué me ha llamado Dios, pero estoy emocionado acerca de la revelación de la voluntad de Dios en este nuevo campo de servicio. Providencialmente, creo, estaba predicando una serie de sermones sobre la oración mientras luchaba con este llamamiento. Uno de estos sermones tenía que ver con la oración, y la voluntad y la dirección de Dios. Mis palabras a la congregación me han servido bien durante este tiempo caótico en mi vida: *La voluntad de Dios no nos llevará donde la gracia de Dios no nos sostenga.*

Esta semana y en las semanas venideras, examine toda su vida, específicamente su vida de oración frente a cómo se siente y piensa acerca de la voluntad de Dios. ¿Se frunce su rostro? ¿Aprieta sus dientes y se retuerce esperando lo peor cuando ora: *«Sea hecha tu voluntad»*? Si Dios es bueno, si Dios es nuestro Padre celestial, entonces la completa realización de la voluntad de Dios en nuestra vida no debe implicar la más leve señal de aflicción.

## DÍA UNO

*«Cuando ores, entra en tu cuarto, cierra la puerta».*

Mateo 6.5-6, VPEE:
*Cuando ustedes oren, no sean como los hipócritas, a quienes les gusta orar de pie en las sinagogas y en las esquinas de las plazas para que la gente los vea. Les aseguro que con eso ya tienen su premio. Pero tú, cuando ores, entra en tu cuarto, cierra la puerta y ora a tu Padre en secreto. Y tu Padre, que ve lo que haces en secreto, te dará tu premio.*

Comenzamos esta aventura diciendo que a fin de cuentas el Espíritu Santo es el gran maestro. Dios es el principio y el fin de la oración. Puesto que Jesús es la revelación de Dios, podemos verlo como el revelador de una vida de oración y también como el maestro que tiene las instrucciones particulares de Dios para nosotros.

Debido a que la oración era una parte tan importante de la vida de Jesús, no debe asombrarnos que en el Sermón del monte incluyera algunas instrucciones fuertes al respecto. Jesús habló sobre la oración en muchas ocasiones, pero Mateo indica que él planteó los elementos esenciales de sus enseñanzas al principio de su ministerio público.

*«Pero tú, cuando ores, entra en tu cuarto, cierra la puerta y ora a tu Padre que está en secreto».*

Está claro según estas palabras de Jesús que la oración es un asunto personal. Es la comunicación que acontece entre Dios y yo. El énfasis aquí está en el *apartamiento*.

Ahora bien, hay una diferencia entre estar solo y estar a solas *con Dios*. Aun en las condiciones agitadas y llenas de actividades en las cuales muchos de nosotros vivimos, la mayoría de nosotros estamos solos a menudo. Jesús nos está instando a escoger la soledad, a buscar la soledad con el propósito de estar a solas *con Dios*.

Si queremos tener una vida de oración profunda, Jesús insiste que debemos entrar en nuestro aposento, cerrar la puerta y estar a solas con Dios. El estar a solas con Dios es una soledad productiva con propósito. Esto no quiere decir que tenemos que estar detrás de una puerta material para llenar esta condición. El énfasis está en el aislamiento y el esfuerzo deliberado de parte nuestra de estar con el Padre «*que está en secreto*».

Jesús sabía que la lucha máxima se lleva a cabo en los recovecos más profundos del ser. Nuestra lucha con «*principados*» y «*potestades*» (ver Efesios 6.12, VPEE) puede en verdad llegar a ser una batalla social o política. Pero nosotros jamás llegamos a esa batalla ni permanecemos en *ella* a menos que nos comprometamos en la lucha interior.

Ayer consideramos la oración como una relación. Aprendimos que escogemos el nombre con el cual queremos llamar a Dios de acuerdo a lo que Dios significa para nosotros. En la sabiduría de Jesús, él sabía que nuestra naturaleza es tal que cuando estamos con otros, con excepción de aquellos que amamos y en quien confiamos más, tenemos la tentación de fingir, de no ser honestos para adular a nuestra audiencia. Cuando estamos solos, no necesitamos fingir. Así que tenemos que llegar a la conclusión de que no tan sólo damos nombre a Dios de acuerdo a lo que Dios es para nosotros, sino que también nos presentamos a nosotros mismos tal como somos delante de Él.

El Equipo de Evangelización de los Bautistas Americanos ha sugerido un modelo que trata sobre la decisión personal de responder o comprometerse con Jesucristo, que también nos ayuda al presentarnos a nosotros mismos tal como somos delante de Dios.

En la ilustración de arriba, la línea de puntos representa a la persona en el cruce de las arenas privadas/de grupo/institucionales. La decisión personal a favor de Cristo Jesús, por lo tanto, significa aceptarle en la totalidad de nuestra vida particular, en nuestros grupos (especialmente el de la familia) y en nuestra participación institucional (como ciudadanos o en nuestro trabajo).

Nuestra relación con Dios está tremendamente afectada por las realidades institucionales y de grupo de nuestra existencia. Lo que somos como ciudadanos o en nuestros trabajos, lo que somos como madres o padres, hijos o hijas, lo que somos como miembros de un partido político o club cívico son dimensiones poderosas del ser que traemos con nosotros al venir a Dios en oración.

Dios no puede relacionarse ni se relaciona a lo que no somos. No quiero decir que Dios no pueda irrumpir en nuestra vida de alguna manera ni a cualquier hora que quiera. Dios penetra nuestras mentiras, nuestra personalidad falsa, para traernos a juicio por nuestra falsedad. Aun así, una relación viva de oración con Dios sólo es posible cuando nos atrevemos a ser sinceros. Cuando alguien no le permite a usted ir más allá de los *niveles* superficiales de su vida, hay muy poco o casi nada que usted pueda decir. Sólo puede mantenerse una conversación trivial bajo esas condiciones. De igual manera, cuando presentamos sólo una personalidad ficticia a Dios, cuando fingimos ser lo que no somos, no hay una verdadera *presencia* con la cual Dios pueda estar realmente en comunión.

## *Reflexionar y anotar*

Ahora ya ha cerrado la puerta de su cuarto de oración. Dios quiere estar presente con su verdadero yo. En presencia de Dios ahora, véase a sí mismo y preséntese. Usted, como yo, probablemente tiene muchos nombres. Usted es una legión: gigante y enclenque, héroe y cobarde, risueño y llorón, una persona reconciliadora y una persona luchadora, alguien que ama y alguien que odia, alguien que escucha y alguien que habla mucho, generoso e interesado, pecador y santo. Todas las dimensiones de nuestro ser interior se expresan en las áreas privadas, de grupo e institucionales.

Pase algún tiempo presentándose a sí mismo a solas ante Dios. Escriba cinco o seis expresiones de la legión que es usted.

1.
2.
3.
4.
5.
6.

Muchas de estas expresiones acerca de nosotros son determinadas por las instituciones, los grupos y las dimensiones privadas de nuestra vida. Regrese y vea los nombres que se dio a sí mismo/a hace un momento. Vea cada uno y haga una nota al lado de la dimensión (privada, de grupo, institucional) que influye en esta expresión de su ser.

† † †

Cuando nos dedicamos a Dios, Dios nos acepta tal como somos. Necesitamos, por lo tanto, entregar a Dios la totalidad de lo que somos—lo bueno y lo malo, lo positivo y lo negativo.

Ore algo como esto al cerrar este período:

Dios, tú eres *mi* Dios. Gracias por estos momentos a solas. Quisiera sentir tu presencia durante todo el día tan intensamente como ahora . Ayúdame a saber que tú estás conmigo en cualquier lugar donde me encuentre, tal como soy, y que tu fortaleza pueda ser mi fortaleza. Que Dios bendiga a (escriba en seguida el nombre de las personas con quienes está compartiendo esta aventura).

Que sean fortalecidos por tu presencia.
Amén.

## Durante el día

Tome algunos minutos dentro de su rutina hoy para recordar este tiempo a solas con Dios.

# Día Dos

«Cuando ustedes oren, no sean como los hipócritas».

Lucas 18.10-14, VPEE:

*Dos hombres fueron al templo a orar: el uno era fariseo y el otro era uno de esos que cobran impuestos para Roma. El fariseo, de pie, oraba así: «Oh Dios, te doy gracias porque no soy como los demás que son ladrones, malvados y adúlteros, ni como ese cobrador de impuestos. Yo ayuno dos veces a la semana, te doy la décima parte de todo lo que gano». Pero el cobrador de impuestos se quedó a cierta distancia, y ni siquiera se atrevía a levantar los ojos al cielo, sino que se golpeaba el pecho, y decía: «¡Oh Dios, ten compasión de mí, que soy pecador!». Les digo que este cobrador de impuestos volvió a su casa ya justo pero el fariseo no. Porque el que a sí mismo se engrandece, será humillado; y el que se humilla, será engrandecido.*

El eminente teólogo John Cobb confesó lo siguiente:

Me siento impulsado a preocuparme de la oración porque no encuentro ninguna otra manera para lograr el conocimiento adecuado de mí mismo, el dominio propio y firmeza en mis compromisos. En el curso ordinario de los eventos, no siento la necesidad de hacerme un autoanálisis honesto y cuidadoso. Cuando participo en un examen de conciencia en la presencia de otras personas, no puedo librarme de la preocupación de lo que pensarán de mí o cuáles pueden ser las consecuencias de mi confesión. Cuando busco ayuda profesional, descubro que las categorías a través de las cuales recibo ayuda para adquirir conocimiento de mí mismo tratan sólo con aspectos limitados de la totalidad de mi ser. En la iglesia, cuando me uno a otros para confesar mis pecados, esos pecados se mencionan en términos demasiado generales para obligarme a un conocimiento de mí mismo más cuidadoso. Es cuando estoy solo que puedo examinar todas estas cosas juntas y trascenderlas. Pero si pienso que sólo soy una persona a solas, no siento interés en hacer tan doloroso análisis. Mientras me lleve bien con los demás, ¿por qué debo juzgarme más exigentemente que ellos? Es sólo cuando pienso que estoy solo ante Dios que el tradicional examen de conciencia cristiana, la confesión y el arrepentimiento tienen sentido para mí.[3]

Jesús nos enseñó: «*Cuando ustedes oren, no sean como los hipócritas, a quienes les gusta orar de pie en las sinagogas y en las esquinas de las plazas para que la gente los vea. Les aseguro que con eso ya tienen su premio. Pero tú, cuando ores, entra en tu cuarto, cierra la puerta y ora a tu Padre que está en secreto. Y tu Padre, que ve lo que haces en secreto, te dará su premio»* (Mateo 6.5-6, VPEE).

## Reflexionar y anotar

Vamos más adelante con el proceso que comenzamos ayer —presentándonos ante Dios. Aquí tenemos un modelo para ello.

1. *Examen de conciencia.* Examínese muy seriamente a sí mismo/a. No haga este examen con ligereza. Trate de profundizar. Pase cinco o diez minutos presentándose a sí mismo tal como es delante de Dios. Tome algunas notas que sólo usted verá.

2. *Confesión.* ¿Descubrió, por su examen de conciencia, alguna acción o actitud, algunas relaciones perjudiciales, o algún alejamiento que necesita confesar? Al aceptarnos a nosotros mismos, no aceptamos indistintamente aquellas cosas que impiden nuestra relación con Dios y con los demás. La confesión es la manera en la cual clarificamos la visión de quiénes somos ante Dios reconociendo nuestros hábitos destructivos y buscando el *alineamiento* de nuestras energías en direcciones más constructivas. Al aceptarnos, Dios toma aun nuestro pecado y, mediante nuestra confesión, ¡declara la intención desalineada detrás de ésta como útil y productiva! Escriba su confesión a continuación en palabras sencillas.

3. *Arrepentimiento.* El arrepentimiento es el paso que acompaña a la confesión. Alguna gente confiesa sin arrepentimiento. El arrepentirse es estar genuinamente apenado y adolorido por su pecado. Es dar la espalda sinceramente al pecado y buscar una nueva vida. Si no se siente genuinamente arrepentido y adolorido por su pecado, pídale a Dios en este momento que lo haga sensible a lo que cree ser su pecado, guiándolo en maneras más constructivas para tratar con él. Más tarde puede llegar a sentir arrepentimiento genuino o puede llegar a descubrir que lo que creía que era pecado era sólo una culpa que se achacó a sí mismo. De cualquier manera es un asunto serio que necesita ser revelado y abandonado bajo la aceptación perdonadora de Dios. Cuando esté listo para tomar el paso de arrepentirse, haga esta oración.

Santo Dios, me arrepiento de _____
_____
_____
_____. Dejo esto atrás y acepto tu perdón.
Perdóname, líbrame y capacítame para llevar una vida nueva. Amén.

Lea esta promesa de las Escrituras en voz alta: «*Si confesamos nuestros pecados, él es fiel y justo para perdonar nuestros pecados, y limpiarnos de toda maldad*» (1ª de Juan 1.9).

Ofrezca unas palabras de gratitud por el amor perdonador de Dios, acepte su perdón y acepte la liberación del pecado.

## Durante el día

Esté atento a sus relaciones con los demás hoy. Vea si está jugando con alguna persona, simulando ser lo que no es. Si se da cuenta de que está fingiendo, calladamente confiéselo a Dios y pida ayuda para ser usted mismo.

# DÍA TRES

«*Cuando ores, no parlotees oraciones largas*».

Mateo 6.5-8, BJ:

> *Y cuando oréis, no seáis como los hipócritas, que gustan de orar en las sinagogas y en las esquinas de las plazas bien plantados para ser vistos de los hombres: en verdad os digo que ya reciben su paga. Tú, en cambio, cuando vayas a orar, entra en tu aposento y, después de cerrar la puerta, ora a tu Padre, que está allí, en lo secreto; y tu Padre, que ve en lo secreto, te recompensará. Y al orar, no charléis mucho, como los gentiles, que se figuran que por su palabrería van a ser escuchados. No seáis como ellos, porque vuestro Padre sabe lo que necesitáis antes de pedírselo.*

Thomas Moore veía la reclusión como un camerino al cual los actores regresaban en sus alquiladas prendas de vestir fuera del escenario, alejados de la exposición pública. Jesús nos instó a no ser como «los actores» que oran para impresionar a otros. La oración es una relación. Primordialmente es comunicación entre una persona y Dios.

Hace dos días hicimos la distinción entre sencillamente estar a solas y estar a solas *con Dios*. No somos necesariamente mejores personas cuando estamos solos, sólo más genuinas tal vez. El resultado de estar a solas y presentarnos ante Dios es que podemos ser sinceros acerca de nosotros mismos con Dios y con otras personas. Por tanto, la soledad es una preparación para una relación más honesta y una participación más deliberada con los demás y con el mundo. Por esto, Jesús insiste en que nuestro desarrollo en la oración, el desarrollo de nuestra relación con el Padre depende del tiempo a solas con Dios.

En nuestro aislamiento con Dios, Jesús dice: «No parlotees oraciones largas como las personas que piensan que serán escuchadas porque usan tantas palabras». En el mundo que Jesús conoció, los dioses de las gentes eran distantes, caprichosos y estaban muy alejados de los asuntos de la tierra. La oración en muchas de las prácticas religiosas de aquella época, era el esfuerzo de parte del individuo para lograr la atención de los dioses. Así que uno hacía mucho ruido, parloteaba sin cesar. Tal cosa no es necesaria; de hecho, Jesús dijo que es repulsiva a Dios. Dios está cerca—tan cerca como la respiración. Dios escucha nuestros anhelos aun antes de que los expresemos con palabras. Dios «*sabe lo que necesitáis antes de pedírselo*».

Esto no quiere decir que Jesús estuviera en contra de usar palabras en la oración. Ni tampoco estaba en contra de pedirle a Dios que supliera nuestras necesidades. En muchas ocasiones se desahogó ante Dios y le hizo sus peticiones en términos específicos. Aquí Jesús está señalando un punto importante: que no es Dios quien se ha alejado, sino que somos nosotros quienes nos hemos alejado de Dios.

La cercanía de Dios, si tenemos la gracia para comprenderla, transformará nuestro orar y nuestro vivir. La cercanía de Dios hace íntima toda conversación con Él.

Esto quiere decir que la oración puede ser una experiencia renovadora y fortificante. Cuando somos honestos, la mayoría de nosotros admitiremos que no somos tan fuertes como a veces pensamos, y que a menudo fingimos. Una palabra de burla, el rechazo de una amistad, una enfermedad inesperada, aun fracasos pequeños—sin mencionar fracasos *grandes* y sucesos trágicos—destrozan nuestra confianza. Esto pasa aun a cristianos que practican su fe. Pensamos que nuestra confianza en Dios es lo suficientemente grande como para mantenernos fuertes en la fe y el compromiso, pero estas amenazas a nuestra seguridad destruyen la idea de que somos maduros en nuestra fe.

Así que venimos a Dios con regularidad no para «parlotear largas oraciones», sino para pasar tiempo en reflexión, sencillamente para estar a solas con Dios y adquirir perspectivas para vivir.

## *Reflexionar y anotar*

1. Reflexione sobre lo que sucedió la semana pasada. ¿Hubo ocasiones cuando su confianza se vió destrozada? ¿Hubo momentos en que comprendió que no era tan fuerte como pretendía serlo? ¿Compartió esa experiencia con alguien? ¿La compartió deliberadamente con Dios?

† † †

2. ¿Sabe usted que es aceptado tal como es, y no por las acciones que realiza o las máscaras que usa? Nombre a tres personas que lo aceptan como usted *realmente* es.

3. Cuando los diferentes niveles del apoyo humano fallan, ¿cree que Dios realmente lo sostiene, que Dios lo fortalece? Recuerde dos experiencias en las cuales sintió la fortaleza de Dios intensamente en su vida. Brevemente escriba esas experiencias a continuación.

Aquí tenemos una gran promesa en la que podemos descansar.

Isaías 40.31, RVR:

> «... *mas los que esperan en* Jehová
> *tendrán nuevas fuerzas,*
> *levantarán alas como las águilas,*
> *correrán y no se cansarán,*
> *caminarán y no se fatigarán».*

En mi vida de oración encuentro significativo memorizar pasajes tan hermosos. Usted también tal vez encontrará tal práctica significativa. Si es así, memorice este versículo o concéntrese en él mientras deliberadamente espera en silencio por unos minutos para que Dios le brinde nuevas perspectivas y fortaleza para el día que le espera.

## Durante el día

Piense ahora acerca de la situación más difícil que pueda enfrentar hoy. Puede ser una tarea que tiene que hacer, un encuentro personal que espera, una decisión que tiene que tomar. Diga en *voz alta* ahora: «Dios estará conmigo en esa situación. No importa lo que suceda, Dios va a sostenerme». Cuando se acerque tal situación, acuérdese de este hecho y recuerde la promesa del versículo sobre el cual ha estado meditando: «*los que esperan a Jehová* . . .». (Este versículo está impreso en la página 157. Tal vez quiera cortarlo y llevarlo consigo para que pueda referirse a él a menudo).

# DÍA CUATRO

«*Cuando ores... tu Padre que ve en lo secreto te recompensará en público».*

Isaías 40.27-31:

> *¿Por qué dices, Jacob, y hablas tú, Israel:*
> «*Mi camino está escondido de* Jehová, *y de mi Dios*
> *pasó mi juicio»? ¿No has sabido,*
> *no has oído que el Dios eterno es* Jehová,
> *el cual creó los confines de la tierra?*
> *No desfallece ni se fatiga con cansancio,*
> *y su entendimiento no hay quien lo alcance.*
> *El da esfuerzo al cansado,*
> *y multiplica las fuerzas al que no tiene ningunas.*
> *Los muchachos se fatigan y se cansan,*
> *los jóvenes flaquean y caen;*
> *mas los que esperan en* Jehová
> *tendrán nuevas fuerzas,*
> *levantarán alas como las águilas,*
> *correrán y no se cansarán,*
> *caminarán y no se fatigarán».*

¿Pensó en esa promesa durante el día de ayer? ¿Qué pasó con la situación más difícil durante el día? ¿Notó alguna diferencia mientras ocurría y después de ocurrir? Pase un minuto o dos pensando acerca de si el pasar tiempo a solas con Dios antes de tal experiencia tuvo algun efecto en usted o en el resultado de la misma.

† † †

Jesús dijo: «*Cuando ores ... cierra la puerta y ora a tu Padre que está en secreto y tu Padre, que ve en lo secreto, te recompensará*». El estar a solas con Dios es necesario porque, tal como discutimos ayer, necesitamos fuerzas mayores que las nuestras. Nuestra propia fuerza y la de cualquier otro apoyo humano no bastan. Cuando fracasamos, cuando no tenemos éxito o nos disgustamos debido a otros, necesitamos saber que hay *Alguien* que superó la humillación y el fracaso, y que puede ayudarnos a superarlos.

Al escribir ayer, anotó dos experiencias en las cuales sintió la fortaleza de Dios intensamente en su vida. La verdad es que ha habido muchas experiencias en las cuales tal fortaleza no era intensa en su vida. ¿No es verdad que la intensidad de la presencia de Dios y el poder que sentimos en los asuntos cotidianos dependen de la intensidad con que tenemos comunión con Dios a *solas* en nuestro «cuarto privado» o en la compañía privada de nuestro grupo de oración o con nuestro compañero/a de oración?

Al crecer en nuestra vida de oración, llegaremos a experimentar más y más lo que Jesús quiso decir cuando dijo que el Padre «*te recompensará*». Ciertamente nos damos cuenta de que no oramos para ser recompensados. También nos damos cuenta de que Dios no tiene favoritos, ni recompensa a los justos mientras abandona a los perdidos. De hecho, la historia de Job nos dice que a menudo los justos encaran algo peor que los pecadores. ¡Por la cruz nos damos cuenta de lo mismo! Tal vez sería mejor considerar las «recompensas» de la oración como las consecuencias naturales del orar. Así como cada hecho tiene sus consecuencias, también la tiene el acto de orar. Así que asiente este dato firmemente en su mente y corazón. *El Dios con quien podemos comunicarnos es capaz de contestar nuestras oraciones.*

El autor de Hebreos nos anima así: «*el que se acerca a Dios ha de creer que existe y que recompensará a los que le buscan*» (Hebreos 11.6, BJ).

En esta primera etapa de nuestro peregrinaje en oración, tres consecuencias necesitan ser reconocidas y subrayadas.

1. La consecuencia (recompensa) de la *presencia* de Dios. Dios siempre está presente, pero el fin de toda oración es conocer la presencia de Dios dentro de nuestra vida. Toda clase de consecuencias fluye del más grande de todos los dones de Dios.

2. La consecuencia (recompensa) del *poder*. Nuestro énfasis ayer fue sobre este hecho: Dios nos permite recibir un poder que no proviene de nosotros mismos.

3. La consecuencia (recompensa) de su *dirección*. La oración, el estar a solas con Dios, abre nuestra vida a la dirección de Dios. Por su misma naturaleza la oración nos anima a tener una disposición *receptiva*.

François Fénelon, uno de los gigantes espirituales de todos los siglos, escribió una oración que lo ayudará a esperar en su lugar secreto por el Dios que lo recompensará en público:

Señor, no sé lo que debo pedir de ti; sólo tú sabes lo que necesito. Me amas mejor de lo que yo sé amarme a mí mismo. ¡Oh Padre! concede a tu hijo o hija lo que el/ella mismo/a no sabe cómo pedir. No me atrevo ni a pedir cruces ni consolaciones: Sencillamente me presento ante ti, abro mi corazón a ti. Mira las necesidades que yo mismo no conozco; ve y obra según tu tierna misericordia. Híereme o sáname; deprímeme o levántame. Adoro todos tus propósitos sin conocerlos; guardo silencio; me ofrezco en sacrificio. Me rindo a ti; no quiero otro deseo mas que el de cumplir tu voluntad. Enséñame a orar. *Tú en mí.* Amén.[4]

## Reflexionar y anotar

La oración de Fénelon tiene más de doscientos años. El lenguaje le puede parecer torpe, pero allí se encuentra el corazón de la oración. Repase la oración lenta y deliberadamente. Luego trate de apropiarla para usted mismo al volverla a escribir en sus propias palabras en el espacio que sigue.

## Durante el día

Deténgase en este versículo; fije la promesa en su mente. «… *es necesario que el que se acerque a Dios crea que [Dios] existe y que recompensa a los que lo buscan»*. Este versículo está impreso en la página 157. Si no lo ha memorizado, tal vez querrá cortarlo y llevarlo consigo hoy como un recordatorio de que las consecuencias de su relación con Dios mediante la oración son la *presencia,* el *poder* y la *dirección* de Dios.

# DÍA CINCO

«*Pedid, y se os dará»*.

Mateo 7.7-11, RVR:

> «*Pedid, y se os dará; buscad, y hallaréis; llamad, y se os abrirá, porque todo aquel que pide, recibe; y el que busca, halla; y al que llama, se le abrirá. ¿Qué hombre hay de vosotros, que si su hijo le pide pan, le dará una piedra? ¿O si le pide un pescado, le dará una serpiente? Pues si vosotros, siendo malos, sabéis dar buenas cosas a vuestros hijos, ¿cuánto más vuestro Padre que está en los cielos dará buenas cosas a los que le pidan?»*

No hay ninguna declaración más extraordinaria acerca de la oración que estas palabras que me confrontan en el Evangelio de Mateo. Nada podría ser más atrevido. El pasaje dice que todos los recursos de Dios están disponibles para aquellas personas que entren en una relación de oración con Dios. Ya que ésta es una promesa tan extravagante, deténgase ahora y absorba los versículos siete y ocho impresos arriba. El memorizar estos versículos será significativo para muchos.

† † †

Aquellos que apenas han entrado por la puerta de la «escuela de la oración» de Cristo podrían echar mano de esta promesa y comenzar a acosar al Padre con toda clase de peticiones. Está bien si no reducimos a Dios a un tipo de Santa Claus cósmico que está a la entera disposición de hijos egoístas. Personalmente creo que debemos hablar con Dios acerca de cualquier cosa que *sintamos* ser importante para nosotros. Creo que debemos pedirle a Dios por cualquier dádiva que *creamos* necesitar. Cualquier cosa importante para nosotros es importante para Dios. El hablar con Dios acerca de cada cosa y de todo nos ayuda a descubrir nuestro camino a una vida de oración.

Lo importante es que sigamos hablando con Dios, trayendo nuestros deseos y anhelos a Dios hasta que haya claridad en nuestra mente acerca de nuestras necesidades. Dios no nos concede todos nuestros deseos. Sin embargo, Dios sí llena nuestras necesidades y satisface nuestros deseos.

El poder de la promesa: «*Pedid, y se os dará*», está en la relación amorosa entre nosotros como hijos e hijas y Dios como nuestro Padre. Cuando vivimos en esa relación, aprendemos el espíritu del Padre, llegamos a conocer su voluntad, nos comportamos como parte de la familia (del reino), buscamos y encontramos. Así, Jesús agregó esa segunda palabra: «*¿Qué hombre hay de vosotros, que si su hijo le pide pan, le dará una piedra? ¿O si le pide un pescado, le dará una serpiente? Pues si vosotros, siendo malos, sabéis dar buenas dádivas a vuestros hijos, ¿cuánto más vuestro Padre que está en los cielos dará buenas cosas a los que le pidan?*» (Mateo 7.9-11).

Necesitamos asentar firmemente en nuestra mente ahora el poder abundante, disponible mediante una relación de oración con Dios. Al crecer en la relación, comprenderemos las condiciones y los límites que deben guiar nuestro uso del poder de Dios (esto es, no podemos buscar usar el poder de la oración en formas que Dios no lo usaría). Entonces comenzaremos a comprender la sabiduría de Dios en lo que parecen ser oraciones no contestadas.

Aquí está lo que el evangelio nos desafía a reconocer. No tenga en menos el poder de Dios que nos viene mediante la oración. No ponga límites arbitrarios a Dios. No encierre a Dios dentro de los confines de su actual conocimiento e imaginación. Sobre todo, ¡deje que Dios sea Dios! Deje que Dios determine los límites. (Por ejemplo: Dios ha puesto algunos límites al hacerlo una criatura libre, capaz de actuar a favor o en contra de Dios). Recuerde: «*cuánto más* [de lo que podemos comprender con nuestra experiencia humana y razonamiento] *dará el Padre buenas cosas a los que le pidan*».

Lo importante aquí es que muy seguido ponemos más límites a la oración que las que pone Dios. Las contestaciones de Dios a las oraciones siempre son mejores que lo que pedimos y Dios siempre está más listo para escuchar que nosotros para orar.

## *Reflexionar y anotar*

1. ¿Cuáles son las tres peticiones más atrevidas que le ha hecho a Dios? Escríbalas en seguida.

a.

b.

c.

2. Repase esas peticiones y hágase estas preguntas:

a. ¿En verdad creyó que sus peticiones serían concedidas?

b. ¿Fueron concedidas?

c. ¿Eran estas intrépidas peticiones consistentes con lo que cree que Dios desearía para usted?

d. ¿Qué pasó en su vida como resultado de haber recibido o no haber recibido sus peticiones?

Medite acerca de sus peticiones intrépidas por cinco a diez minutos.

† † †

3. Ahora haga una lista de las tres peticiones más intrépidas que le quisiera pedir a Dios hoy. No tiene que compartirlas con nadie. Son su propiedad privada. Sea honesto/a y no se sienta obligado/a a contestar.

a.

b.

c.

Para concluir haga una oración como ésta: «Señor, estoy tratando de creer tu extra-ordinaria promesa. No sé todo lo que significa o cómo puede operar en mi vida, pero creo en ti y que tu voluntad para mí es buena. Ayúdame para comenzar a aceptar para mí en este mismo momento, todo lo que tú estás tratando de darme. Amén».

## Durante el día

Puede haber memorizado la promesa extravagante de Jesús asentada en Mateo 7.7-8. Llévela consigo durante el día. (Está impresa en la página para que la recorte y la lleve consigo). Repítala seguido. Recuérdela, especialmente cuando se sienta confrontado con dificultades y sienta la necesidad de orar.

## DÍA SEIS

*«Si tuviereis fe como un grano de mostaza…».*

Mateo 17.20:

> *Si tuviereis fe como un grano de mostaza, diréis a este monte:*
> *«Pásate de aquí a allá», y se pasará, y nada os será imposible.*

Tanto Marcos (11.23) como Lucas (17.5-6) describen enseñanzas similares de Jesús acerca de *«la fe como una semilla de mostaza».* Esta palabra es tan expresiva y tan extravagante como la que consideramos ayer: *«Pedid, y se os dará; buscad, y hallaréis; llamad, y se os abrirá. Porque todo aquel que pide, recibe; y el que busca, halla; y al que llama, se le abrirá».*

Obviamente, Jesús da énfasis a la *fe.* La fe es uno de los elementos principales que se requiere para movilizar la contestación a nuestras oraciones. El Nuevo Testamento está lleno de este énfasis de Jesús.

Mateo 9.22:

> *Tu fe te ha salvado.*

Mateo 15.28:

> *¡Mujer, grande es tu fe!*
> *Hágase contigo como quieres.*

Marcos 5.34:

> *Hija, tu fe te ha salvado.*
> *Vete en paz y queda sana de tu enfermedad.*

Marcos 10.52:

> *«Vete, tu fe te ha salvado».*
> *Al instante recobró la vista,*
> *y seguía a Jesús por el camino.*

Lucas 7.50:

> *Pero él dijo a la mujer:*
> *Tu fe te ha salvado; ve en paz.*

En cierta ocasión oímos a los discípulos preguntar a Jesús por qué sus oraciones habían sido inefectivas y Jesús les dijo claramente: «*Por vuestra poca fe*» (Mateo 17.20). Jesús atribuyó el fracaso de su poder en su propio país a la incredulidad de la gente (Mateo 13.58). Aquí tenemos una idea increíble en la cual tenemos que pensar: Jesús puso énfasis sobre la fe como la condición necesaria para apropiarse del amor y del poder de Dios. El amor y el poder de Dios siempre están disponibles incondicionalmente, pero la fe los recibe y los pone a trabajar.

Vemos ese énfasis en su más intrépida expresión: «*... si tenéis fe como un grano de mostaza, diréis a este monte: 'Pásate de aquí allá', y se pasará; y nada os será imposible*». Conceda, si lo desea, que Jesús estaba hablando poéticamente como lo hacía a menudo y que el mover un monte no debería tomarse literalmente. Aun así, hay una gran verdad aquí. Me gusta la manera como se expresa Lewis Maclachlan:

> Si interpretamos que los montes a los que se refiere Jesús son los montes de la dificultad o de la tentación o de las barreras a la libertad, a esta impresionante imagen debe permitírsele su merecido significado. Por lo menos Jesús está diciendo que los impedimentos muy grandes pueden ser removidos por la fe, que la fe es un poder que puede superar obstáculos considerables y quitarlos de nuestro camino, que puede cambiar el panorama para nosotros, que puede hacer posible lo que parece imposible. Si ésta es una metáfora, es una metáfora grande y de gran significado.[5]

## Reflexionar y anotar

Necesitamos recordar, como dijimos ayer, que muy a menudo imponemos más límites a la oración que Dios. Las contestaciones de Dios a la oración siempre son mejores que nuestras peticiones. Dios siempre está más listo para escuchar que nosotros para orar.

La intrépida promesa de Jesús considerada ayer, junto con esta afirmación de hoy, igualmente atrevida, debe ser considerada en el contexto del mensaje de Jesús en su totalidad respecto a nuestra relación con Dios. El estar en una relación de fe que resulta en oraciones contestadas implica estar dispuestos a confiar nuestra vida a Dios, a entregarnos a la voluntad de Dios, a aceptar la protección de Dios, a seguir la dirección de Dios en todos los asuntos de nuestra vida.

Cuando esta clase de fe confiada es la tierra en la cual se cultiva nuestra fe, los montes serán removidos. A la luz del entendimiento de la fe, vuelva a ver las dos listas de peticiones intrépidas que hizo—las del pasado y las que anotó ayer. ¿Hay alguna diferencia en las dos listas? ¿Cómo se ajustó su primera lista a su continuo compromiso de confiar en Dios? Y ¿qué de la segunda lista, las peticiones intrépidas que le está haciendo a Dios en la actualidad? ¿Se acomodan a una relación de confianza y compromiso con Dios? Pase cuatro a cinco minutos examinando sus peticiones a la luz de estas preguntas.

† † †

Después de pensar unos cuantos minutos sobre estas últimas preguntas, escriba una breve oración que exprese dónde se encuentra actualmente en relación a Dios. Pídale a Dios que lo haga más valiente al confiar y al orar.

## *Durante el día*

Ya que el orar y el confiar en Dios son inseparables, esté especialmente atento a cómo relaciona su vida a Dios hoy. ¿Lo está haciendo a solas? ¿Clama a Dios sólo en momentos de desesperación? ¿Se está preocupando acerca de cosas que debe encomendar a Dios? ¿Está tomando alguna decisión sin tomar en cuenta la voluntad de Dios? Especialmente haga estas preguntas en relación a su papel con el grupo y con las *instituciones* que examinó el Día Uno de esta semana.

# DÍA SIETE

*«Si dos de vosotros se ponen de acuerdo… ».*

La oración es una de las maneras principales a través de la cual el poder de Dios se desata en el mundo y en nuestra vida individualmente. Jesús era intrépido en su afirmación de las posibilidades ilimitadas que son nuestras mediante la fe. Espero que nuestra mente se esté expandiendo para reclamar las promesas que Jesús ofreció.

Mateo 7.7-8:

*Pedid, y se os dará; buscad, y hallaréis; llamad, y se os abrirá, porque todo aquel que pide, recibe; y el que busca, halla; y al que llama, se le abrirá.*

Mateo 17.20:

*Si teneis fe como un grano de mostaza, diréis a este monte: «Pásate de aquí a allá», y se pasará; y nada os será imposible.*

Por supuesto, nuestra mente no puede captar en tan corto tiempo promesas tan extraordinarias. ¡Qué emoción tan grande se añadirá a nuestro orar cuando oremos aun por el *deseo* de apropiarnos de esta fe abundante.

Así que, mientras su mente está todavía perpleja por estas promesas, aquí tiene más buenas nuevas de Jesús:

Mateo 18.19-20:

*Si dos de vosotros se ponen de acuerdo en la tierra acerca de cualquier cosa que pidan, les será hecho por mi Padre que está en los cielos, porque donde están dos o trescongregados en mi nombre, allí estoy yo en medio de ellos.*

Aquí está una dimensión de la oración que aún no hemos considerado en esta aventura: el *orar con otros*. Jesús insistió en que buscáramos la soledad y que estuviéramos a solas con Dios. Aquí está diciendo que la mente y la voluntad de Dios se hará más real cuando oramos con otras personas.

*«Si dos de vosotros se pusieren de acuerdo en la tierra acerca de cualquier cosa que pidieren, les será hecho por mi Padre que está en los cielos».* ¿No les asombra? Lo que esto implica es que nuestra oración puede estar más enfocada cuando compartimos con alguien más o con un grupo. Muchas veces cuando oramos a solas, es difícil separar nuestros

deseos egoístas de nuestras necesidades verdaderas, es difícil mantener claro el buscar la voluntad de Dios en vez de nuestra propia voluntad. Nuestros deseos abrumadores necesitan ser examinados, aun con sospecha, no sea que causen un conflicto con los deseos fundamentales del corazón. Es sólo la satisfacción de los deseos más profundos del corazón humano lo que puede traer satisfacción.

Así que oramos con alguien más o con un grupo para examinarnos, por decirse así, para conseguir ayuda para filtrar y separar los anhelos y los deseos que demandan satisfacción y cumplimiento.

El poner a prueba surge a dos niveles. Primero, nos fuerza a clarificar nuestros anhelos y deseos. Segundo, nos capacita para probar si nuestros deseos más profundos son buenos para nosotros y si van de acuerdo con la voluntad de Dios. El salmista dijo: que Dios *«les concedió lo que pedían, mandó fiebre a sus almas»* (Salmo 106.15, BJ). Nuestros deseos no siempre son puros, de seguro no siempre son buenos para nosotros mismos. Así que los examinamos con aquellos en quienes confiamos.

Nuestro orar, especialmente con alguien más o con un grupo, es una manera de examinar las necesidades y anhelos que sentimos. ¿Son sus deseos tan profundos, tan importantes, quizás aun tan desesperanzados que le gustaría encontrar un compañero de oración para ponerse de *acuerdo* con usted para hacer peticiones específicas a Dios?

¿Quién será ese compañero? Si su cónyuge no está compartiendo esta aventura, probablemente querrá buscar a alguien que lo está. Si no está participando con un grupo en esta aventura, busque a una persona de confianza: su pastor, su esposa, su esposo o un amigo. Comparta esta intrépida promesa de Cristo con esa persona y cómo está buscando encontrar dirección en su orar. Confíe en que Cristo honrará la promesa de estar presente con usted y que Dios contestará su oración.

Por lo pronto, pídale dirección a Dios para seleccionar a esa persona.

† † †

Cuando haya decidido (y no tiene que decidir inmediatamente), haga planes para estar con esa persona tan pronto como sea posible para compartir esta experiencia de oración. Cuando eso suceda, regrese a este espacio y escriba sus sentimientos.

## Durante el día

Cada día muchos de nosotros tenemos reuniones breves con personas con quienes podemos compartir lo que está pasando en nuestra vida. Hoy, cuando encuentre a tal persona, dígale acerca de esta aventura en la oración. Comparta esta promesa *intrigante* de Jesús: *«Porque donde están dos o tres congregados en mi nombre, allí estoy yo en medio de ellos»*. Pídale a él o a ella que le diga lo que entiende y cree sobre este versículo. Considere cómo este versículo podría afectar su vida juntos.

Si no encuentra a una persona con quien pueda ser tan específico, tal vez encontrará a alguien con quien pueda compartir algo como esto: «Juan/Juanita, estoy haciendo un experimento con la oración…». Dígale algo acerca de esto, luego pregunte algo como: «¿Qué crees acerca de la oración? ¿Has tenido alguna experiencia que me pueda ayudar a mí?». Deje que la conversación tome su rumbo sin que sea penoso para ninguno, ni que nadie se sienta presionado.

## _____ REUNIÓN DE GRUPO PARA LA SEMANA DOS _____

## Introducción

*Para el trabajo en grupo se necesita*: *una tarjeta de tres-por-cinco pulgadas para cada persona del grupo*

La participación en un grupo como éste implica una relación de pacto. Será de mayor provecho en la medida que mantenga una disciplina diaria de oración de veinte a treinta minutos y una asistencia fiel a estas reuniones semanales. No se sienta culpable si tiene que faltar un día, ni se sienta desanimado si no puede observar los veinte a treinta minutos de disciplina diaria. No vacile en compartir eso con el grupo. Podemos aprender algo acerca de nosotros mismos al compartir. Podemos descubrir, por ejemplo, que inconscientemente tenemos miedo de pasar ese tiempo todos los días «a solas con Dios» por temor a lo que Dios nos revele o demande de nosotros.

Mucho de nuestro crecimiento depende de nuestra participación en el grupo, así que comparta tan honesta y abiertamente como pueda. Escuche lo que las personas dicen. Si está atento, podrá discernir significados más allá de las palabras.

Es importante ser sensibles al significado detrás de las palabras. El responder inmediatamente a los sentimientos que intuimos también es crucial. A veces es importante que el grupo enfoque su atención en un individuo en particular. Si se expresa alguna necesidad o preocupación, puede ser apropiado que el líder le pida al grupo que tenga un breve período de oración especial por la persona o por las preocupaciones reveladas. Los participantes no deben depender sólo del líder para responder a la necesidad. El líder tal vez no pueda captarla. Aun si usted no es el líder, no vacile en pedirle al grupo que se una a usted en una oración especial. Esta oración puede ser en silencio o se le puede pedir a una persona que guíe al grupo en oración.

Recuerde, tiene una contribución que hacer al grupo. Lo que usted considere trivial o sin importancia puede ser exactamente lo que otra persona necesita escuchar. No buscamos ser profundos, sino sencillamente compartir nuestra experiencia.

## Compartir juntos

1. Tal vez querrá comenzar su tiempo juntos pidiendo que cada persona comparta el día más significativo en la aventura de esta semana.

2. Ahora comparta el día más difícil que tuvo y por qué.

3. El tercer día se le pidió que recordara dos experiencias en las cuales estuvo muy consciente de la fortaleza de Dios en su vida. Deje que cada persona comparta una de estas experiencias con el grupo.

4. ¿Tiene algún efecto el hecho de que está pasando tiempo a solas con Dios? ¿Cuál es la diferencia? Algunas personas en el grupo pueden haber anticipado una experiencia difícil y se prepararon para esa experiencia buscando estar a solas con Dios. Si es así, permita que compartan eso con el grupo.

5. Los Días Uno y Dos de esta semana, se enfocaron en «presentarse» a sí mismo ante Dios. ¿Descubrió alguna diferencia mayor entre lo que usted es en las tres diferentes áreas de su vida: privada, colectiva, institucional? Discuta cómo la práctica de la oración lo puede hacer «uno» y cómo luchando contra principados y potestades en su interior, a solas con Dios, lo puede equipar para ser una persona responsable en todos los aspectos de su vida.

6. El Día Cuatro se centró en las consecuencias (recompensas) de la oración: la presencia, el poder, la dirección. Permita que cada persona comparta un descubrimiento nuevo acerca del significado de la oración derivada de este énfasis.

7. Se pidió que le contara a otra persona acerca de esta aventura en la oración. Permita que las personas compartan con el grupo el resultado de esa experiencia.

## Para orar juntos

El Día Dos de esta semana se le pidió que presentara en oración a cada persona en su grupo. Una parte importante de esta aventura colectiva de seis semanas es que los miembros oren los unos por los otros todos los días. Durante estas sesiones de compartir, tal vez querrá tomar notas que le ayuden a recordar preocupaciones específicas relacionadas a cada persona. Estos apuntes le ayudarán al orar por estas preocupaciones de una manera enfocada.

1. En su afirmación de una «*fe como un grano de mostaza*», Jesús hizo énfasis en nuestra fe como la condición para apropiarse del amor y el poder de Dios (Día Seis). Ese amor y ese poder siempre están presentes incondicionalmente, pero la fe los recibe y los pone a trabajar.

a. Vuelva a leer el comentario de Lewis Maclachlan en la página 50. Permita que cada persona del grupo escriba ahora en la tarjeta de tres por cinco pulgadas acerca de los montes con la cual él o ella está luchando. Escriba esto lo suficientemente claro como para que el grupo sepa lo que dicha montaña es sin nombrarse a sí mismo.
b. Cuando todos hayan terminado de escribir, el líder recogerá las tarjetas, las barajará y luego las repartirá a cada persona.
c. Deje que cada persona lea la tarjeta que recibió y ore por la eliminación de esa montaña.
d. Permita que cada persona lea en voz alta lo que está anotado en la tarjeta mientras el grupo ora silenciosamente después de cada lectura.

2. Luego pónganse de pie y tómense de la mano en un círculo. El líder puede decir algo como esto: «Todos nosotros nos enfrentamos con montañas. Sabemos que donde dos

o tres se congregan en el nombre de Jesús, él está en medio de ellos y que si nos ponemos de acuerdo sobre cualquier cosa que pidamos, Dios lo hará».

«Vamos pues a ponernos de acuerdo respecto a dos cosas: Primero: que cada uno de nosotros tendrá fe en que va a recibir, y que va a poner el amor y el poder de Dios a trabajar. Segundo: que cada una de nuestras montañas será removida o vencida o que la montaña llegará a ser una parte redentora de nuestra vida, formando un hermoso paisaje». El líder puede entonces ofrecer una oración breve en voz alta para clausurar la reunión.

## Una palabra de ánimo

Al comenzar esta tercera semana de su peregrinaje, aquí tiene unos pensamientos para tener en mente.

La disciplina es una dimensión importante de la vida, no una rígida esclavitud. Es un poner en orden la vida que le capacite para estar en control de sus circunstancias en vez de ser controlados por ellas. Para la mayoría de las personas un tiempo designado de oración es esencial para edificar una vida de oración.

Si aun no ha establecido un tiempo concreto para su período de oración, trate de encontrar el tiempo apropiado para usted esta semana. Experimente en la mañana, después del trabajo, durante la hora del almuerzo, antes de acostarse —halle el tiempo que resulte mejor para usted.

Si descubre que no puede cubrir todo el material y los ejercicios para cada día, no se menosprecie. Aproveche lo que pueda de lo que haga. No gana nada precipitándose a cubrir los principios en tres o cuatro pasos, si no puede o no quiere pensar profundamente. Ore seriamente acerca de ellos uno por uno.

No vacile en tomar decisiones y resoluciones, pero no se condene a sí mismo cuando fracase. Dios es paciente y quiere que seamos pacientes con los demás. El consentir intelectualmente a un principio o posibilidad es importante, pero nos hace poco bien si no lo ponemos en acción, si no decimos sí en nuestra mente.

# SEMANA TRES

Cuando todo
falla, siga las
instrucciones

Semana Tres

## E*XAMINAR DE NUEVO EL TÍTULO «P*ADRE*»*

En varios días durante las últimas dos semanas, se ha hecho énfasis en la imagen de Dios como Padre. La oración del Padrenuestro, con la cual vamos a vivir esta semana, comienza con la descripción: «Padre nuestro».

Tal vez éste es un buen punto para discutir la imagen de Dios en la Biblia y en la liturgia cristiana, la tradición, la fe y la práctica a la luz del impacto dramático de la teología feminista que ha cuestionado la validez de dicha imagen. Esta imagen de Dios como Padre es la más dominante y la más usada en el Nuevo Testamento.

Hay estudiosos cristianos y judíos que reconocen que el lenguaje bíblico acerca de Dios es fundamentalmente figurativo. Esto no quiere decir que podamos cambiar estas figuras como se nos antoje porque, como Roland M. Frye nos recuerda, las expresiones bíblicas típicamente sirven como figuras del pensamiento y del entendimiento (*Speaking the Christian God*). Al distinguir entre símiles y metáforas en la Biblia, Frye también nos ayuda a comprender porqué la fe ortodoxa cristiana insiste en que padre sea el nombre principal para el Dios del cristiano. Según Frye, los símiles comparan: El Señor es «*Como el águila que excita su nidada, revoloteando sobre sus pollos*» (Deuteronomio 32.11). Otro ejemplo se encuentra en Isaías 66.13 donde el Señor ofrece compasión maternal tranquilizadora, «*Como aquel a quien consuela su madre, así os consolaré yo a vosotros, y en Jerusalén recibiréis consuelo*». A través de las Escrituras se encuentra esa clase de símil donde se describe a Dios como una roca, un ave, una gallina, un manantial en el desierto, una sombra debajo de una roca poderosa.

La metáfora, por el contrario, va más allá que el símil al identificar o nombrar, tal como Deuteronomio 32.6: «*¿No es él tu padre que te creó? Él te hizo y te estableció*». Distinto al símil, que es simplemente un esfuerzo para ayudarnos a entender cómo es algo, la metáfora va más allá al ampliar el significado y el entendimiento —al ir más allá o aun en contra del significado acostumbrado o literal. La metáfora aun puede ayudarnos a percibir una perspectiva nueva, diferente a la que ha estado presente.

Así que cuando llamamos a Dios *Padre*, estamos diciendo que así es como Dios es. En las Escrituras hebreas, la imagen específica de padre no es tan prominente como lo llegó a ser en las enseñanzas de Jesús. Durante una buena parte de la historia de Israel el nombre de Dios jamás cruza los labios de una persona. En otras palabras, mientras

Dios es designado *Padre* once veces en las Escrituras hebreas, el nombre nunca es invocado como tal en la oración. En el Nuevo Testamento, Jesús describe a Dios como *Padre* más de 170 veces y Jesús jamás ora a Dios con otro título que no sea Padre.

Así que encontramos un movimiento a través de la historia de Israel hasta la venida de Jesús—un movimiento de un Dios que es tan santo, tan totalmente otro y misterioso que muy rara vez se le nombra íntimamente en la oración. Por eso los símiles abundan. Esa lejanía de Dios, esa separación y misterio insondable, comienzan a disolverse. El movimiento de los profetas de las Escrituras hebreas hacia más familiaridad incluye la designación de Dios como *Padre*, por ocasional que fuera. Alcanza su climax en el Nuevo Testamento cuando Jesús ora a Dios como *Padre* y cuando nos enseña a orar: «*Padre nuestro que estás en los cielos*».

Necesitamos tener conciencia del hecho de que la designación de Dios como *Padre* no tiene nada que ver con el género. Dios no es un ser sexual; el uso del término padre al referirse a Dios no tiene nada que ver con el paternalismo o el patriarcado. Describe una relación de amor y compañerismo compartidos en la que el padre derrama todas sus bendiciones sobre todos sus hijos e hijas.

Así que necesitamos recordar que la revelación no es la de un padre manifestado como Dios, sino de Dios manifestado como padre. Si nos acordamos de esto, la imagen intensifica no tan sólo nuestra oración, sino también nuestra comprensión teológica y nuestra relación total con Dios.

## DÍA UNO

«*Vosotros, pues oraréis así . . .*».

Mateo 6.9-12, VPEE:

> «*Padre nuestro que estás en el cielo,*
> *santificado sea tu nombre*
> *Venga tu reino.*
> *Hágase tu voluntad en la tierra,*
> *así como se hace en el cielo.*
> *Danos hoy el pan que necesitamos.*
> *Perdónanos el mal que hemos hecho,*
> *así como nosotros hemos perdonado*
> *a los que nos han hecho mal.*
> *No nos expongas a la tentación,*
> *sino líbranos del maligno*».

En el relato del Sermón del monte, según Mateo, Jesús termina su enseñanza sobre la oración ofreciéndonos un modelo. Lo llamamos el Padrenuestro. En el culto cristiano ésta ha llegado a ser la oración colectiva más común, tanto así que pocos de nosotros la usamos en privado.

En el evangelio de Lucas el Padrenuestro se ofrece en respuesta a la petición de los discípulos: «*Señor, enséñanos a orar*» (Lucas 11.1). La contestación de Jesús fue:

*«Cuando oréis, decid: Padre...»*. La oración en realidad fue dada como una guía para nuestra oración en *privado*. Cuando todo lo demás falla en nuestros esfuerzos por orar, hacemos bien en seguir las instrucciones de Jesús.

Debido a que la oración del Padrenuestro ha llegado a ser tan común y se usa tan a menudo en los cultos públicos, existe el peligro de que la convirtamos en «la charlatanería de los fariseos» contra la cual Jesús nos amonestó. Por consiguiente, vamos a vivir con este modelo por toda una semana. Queremos sumergirnos en la disposición, el espíritu, el estilo y el contenido de esta oración. Cuando esto suceda, jamás nos faltará una *manera* para orar con sentido.

Esta oración, como un modelo, reafirma lo que consideramos el Día Siete de nuestra primera semana. La oración es una relación y la relación es personal. Oramos a un Dios específico a quien Jesús llamó *Padre*. Jesús usó esta palabra derivada de su historia personal y de la historia de Israel. Una relación con Dios siempre implica limpieza y purificación (santidad). El símbolo de una llama encendida se usa como Isaías lo experimentó con el «*carbón encendido*» en el templo (Isaías 6.6, RVR), para mostrar esta obra de Dios en nuestra vida.

Jesús conocía los mandamientos que subrayan la justicia de Dios. Dios puede permitirnos vivir en iniquidad, pero la consecuencia de eso es la destrucción. Así que se ve a Dios como un fuego devorador o «*consumidor*» (Deuteronomio 4.24; Hebreos 12.29). En una continua relación de oración con Dios, las demandas de la santidad y de la justicia siempre están presentes.

Afirmamos anteriormente que no hay que tener temor al acercarnos honestamente a Dios tal como somos. En relación a Dios, el cambio no es tan sólo posible, sino que es inevitable. Conforme nos entregamos al señorío de Dios, responderemos a los mandamientos de Dios. Experimentaremos la santidad y la justicia de Dios. En vez de ser un retiro alentador lejos del mundo, la oración llega a ser un campo de batalla donde luchamos con lo que significa vivir la vida de Dios en el mundo —las causas que demandan nuestra lealtad, los asuntos que merecen nuestras energías, las personas que necesitan el amor sanador de Dios a través de nosotros. Ésta es la manera como Jesús modeló la oración.

La mayoría de las personas prefieren la versión de la oración que se encuentra en Mateo en la versión *Reina-Valera*. A propósito se usó la Versión Popular, Edición de Estudio al principio para sacarnos de la rutina familiar que nos puede impedir examinar más profundamente esta gran oración.

Regrese ahora y lea esa traducción lentamente para explorar su sentido. Ponga una raya (/) después de cada idea, de esta manera: Padre nuestro/ que estás en el cielo/.

† † †

## *Reflexionar y anotar*

Regrese y seleccione dos de las ideas que hoy significan más para usted. Anótelas y reflexione sobre su significado escribiéndolas como una oración personal. (Ver el ejemplo a continuación.)

«Que se haga tu voluntad»: Hoy, Señor, alguien me pidió que considerara cierto trabajo. Me sentí halagado, pero apenas hace seis meses que asumí mi actual responsabilidad. Me siento frustrado. Necesito tu dirección. Quiero hacer tu voluntad. Ayúdame a escoger entre los deseos egoístas; la necesidad de ser reconocido; la tentación de adquirir mayor poder; la oportunidad de servir, de obtener satisfacción y de usar mis talentos y dones en este ministerio total de tu iglesia. Ayúdame a decidir rápidamente para que mi atención esté enfocada y toda mi energía esté dedicada a mi ministerio.

Dos ideas:
1.



2.




Medite en estas ideas por cuatro o cinco minutos. Agregue algunas notas a lo que ha escrito, si tiene una nueva idea. Déle las gracias a Cristo por darnos este modelo.

## *Durante el día*

Puede recitar el Padrenuestro en veinte segundos. Aun tal «pausa» de veinte segundos puede ser de ayuda. Hoy, sin embargo, sea más deliberado/a. En lugar de decir esta oración, ¡órela! Seleccione algunos intervalos de tres minutos durante este día y repase la oración lentamente—en voz alta o en su mente—deteniéndose para considerar cada movimiento de la oración.

## _____ DÍA DOS _____

*«Padre nuestro que estás en el cielo...»*
¿Se acuerda de las dos suposiciones que asentamos en el tercer y el cuarto día de nuestra aventura? Una, el Dios a quien oramos es bueno. Dos, la comunicación con Dios es posible.

Podemos señalar que muchos de nuestros fracasos con la oración se deben a que olvidamos estas dos verdades. Es importante recordar que la *bondad* de Dios incluye las dimensiones de la *santidad* y la *justicia* que se entendían y experimentaban en la historia de Israel. Jesús vivía y compartía esa historia. Sus escrituras eran las Escrituras hebreas.

El padre como imagen de Dios se encuentra en las Escrituras hebreas, pero es una imagen vaga y poco común. El usar el término *Padre* para dirigirse a Dios era algo nuevo en Jesús. Así que comenzamos así: *«Padre nuestro»*. Esto quiere decir que el poder al cual se dirige la oración es personal.

*«Padre nuestro que estás en el cielo»*. Hemos tomado «en el cielo» muy literalmente. Como Gerhard Ebeling dijo al predicar sobre este pasaje: «El proclamar a Dios como el Dios que está cerca, como Jesús lo hizo, es poner fin a la idea del cielo como la morada lejana de Dios… No significa que donde el cielo está, allí está Dios; más bien que donde Dios está, allí está el cielo».[6] El orar al Dios que está *«en el cielo»* es orar al Dios que está infinitamente más cercano a nosotros que nosotros a nosotros mismos. Encontramos que Dios está cerca en lo profundo de nuestro ser, en nuestra mente o espíritu. Así que Jesús le dijo a la mujer samaritana: *«Dios es espíritu, y los que lo adoran, en espíritu y en verdad es necesario que lo adoren»* (Juan 4.24).

*«Padre nuestro que estás en el cielo»*. Hay dos aspectos en este discurso: *«Padre»* —benévolo, personal. *«En el cielo»*—se refiere a la cercanía de mente y espíritu.

Cuando juntamos estos dos aspectos, tenemos un Dios lleno de gracia y bondad, interesado en cada uno de nosotros. Dios es enteramente personal en sus atenciones para nosotros, pero sobrepasa los límites de la personalidad humana.

Nuevamente esto quiere decir que Dios es bueno y que la comunicación con Dios es posible. Dios no sólo es el Padre de todos. Dios es el Dios de Abraham, Isaac, Jacob, Maxie y _____ (escriba su nombre en este espacio). Un padre puede amar a su familia en general sólo al amar a los varios miembros en particular.

Una vez que lleguemos a creer esto, la tarea de la oración es asirnos de la experiencia al ser cuidados por nuestro Padre y al comunicarnos con Dios. Harry Emerson Fosdick nos recuerda que «el creer de por sí es un mapa de la tierra no visitada de la providencia de Dios; la oración significa viajar realmente por el país».

## *Reflexionar y anotar*

Debido a las experiencias individuales, algunas personas tienen dificultad con padre como una imagen de Dios. Necesitamos recordar que para Jesús la revelación no es la de un padre que se manifiesta como Dios, sino de Dios manifestándose como Padre. Aun así, en vez de padre, usted puede pensar en la persona que le ha dado más atención, la que se ha comprometido a ayudarle a alcanzar su potencial máximo .

1. Haga una lista de ocho atributos y acciones que describen la atención de un padre para sus hijos o de alguien que lo ha amado profundamente.
   a.
   b.
   c.
   d.
   e.
   f.
   g.
   h.

Seleccione cuatro de éstos que significarían más para usted en este día.

a.

b.

c.

d.

2. Dios quiere que tengamos lo que signifique más para nosotros hoy. Vamos a practicar el recibir lo que Dios quiere ofrecer. Póngase en una posición relajada. Síentese y ponga los dos pies en el suelo. Coloque sus manos sobre su regazo con las palmas hacia arriba. Abra las manos de manera relajada e imagínese que está recibiendo dádivas de Dios. Piense acerca del primero de los cuatro atributos o acciones que anotó como los más significativos para usted. Simbólicamente, recíbalo en sus manos abiertas como un regalo de Dios y piense lo que significaría para usted.

Ahora piense acerca del segundo atributo o acción de un padre atento que usted anotó como más significativo para usted. Recíbalo de la misma manera. Luego el tercero y finalmente el cuarto. (Algunas de estas dádivas pueden anticiparse en el futuro. Aun así, la recepción simbólica de ellas lo hará ser abierto y receptivo al Espíritu de Dios dentro de usted).

El viajar en el país de la providencia de Dios es creer que Dios nos da, y el recibir las atenciones de Dios es una aventura del alma en la práctica de la oración.

## Durante el día

Si la última parte de la experiencia (manos abiertas— recibiendo dádivas) le pareció superficial, pase el día comportándose como si creyera que Dios se preocupa por us-ted. Trate de mantenerse consciente del hecho de que Dios quiere darle lo que necesita. Para que esto suceda, tenemos que estar libres para recibir.

# DÍA TRES

*«Santificado sea tu Nombre. Venga tu reino».*

Hoy vamos a considerar dos movimientos en las instrucciones de Jesús sobre nuestro orar. Ambos están relacionados.

«Santificado sea tu nombre». Aunque la palabra *santificado* es anticuada, la frase sale de nuestros labios suavemente: «*santificado* sea tu nombre». Pasamos por esta frase tan rápida y fácilmente que casi no ponderamos su significado.

Jesús ha de haber sabido que comenzamos a orar en el lugar equivocado. ¿Cuántas veces comenzamos a orar, concentrándonos inmediatamente en nuestros problemas, aflicciones, ansiedades, necesidades? Muchas veces nuestra oración es sencillamente un ejercicio en cavilar acerca de nuestras situaciones críticas. Deberíamos «cavilar» en la presencia de Dios, pero puede no ser más que eso—cavilar—si no seguimos las instrucciones de Jesús.

No fue por accidente que Jesús nos instruyó: Ustedes deben orar así: «*Padre nuestro que estás en el cielo, santificado sea tu nombre*».

Estamos comenzando donde debemos principiar: con Dios. Antes de empezar a pedirle a Dios algo y de contarle nuestros problemas, penas y ansiedades, necesitamos enfocarnos en la gloria, el amor y la presencia vivientes de Dios. En este movimiento, se espera que permitamos que el espíritu de Dios invada e influya nuestra mente.

El *santificar* significa alabar, y hay poder en la alabanza. Expresamos nuestra alabanza y gratitud por lo que Dios ha hecho y por lo que Dios es. He descubierto que el cantar, aun en mis oraciones privadas, es una de las maneras más significativas de alabar a Dios. (Diré más acerca de esto en el Día Seis de la Semana Seis.) También, el *santificar* es hacer santo. Al referirnos a Dios como santo en la oración, nos ponemos en posición de experimentar la majestad, el misterio y la presencia poderosa de Dios. Esto es muy importante porque sin esta experiencia sólo agregamos palabras piadosas a una deidad distante. Si nos referimos y por lo tanto experimentamos a Dios como santo, sentimos la presencia santificada y santa de Dios en el mundo.

Deténgase ahora y medite acerca de esta frase: «santificado sea tu nombre». Concéntrese en la gloria, el amor, la presencia y el poder de Dios. Pase dos o tres minutos con estos pensamientos.

† † †

Después de haber meditado en el significado de esta frase, escriba de nuevo esta primera parte del Padrenuestro en el lenguaje que usted suele usar más comúnmente:

(como usted lo diría)

«*Santificado sea tu nombre*» inspira naturalmente la segunda petición: «*Venga tu reino*». Una vez más nuestro enfoque permanece fuera de nosotros.

Ése es un sueño remoto y ¿quién se detiene a considerar lo que realmente quiere decir? En cierto sentido, no tenemos opción acerca de la venida del reino de Dios. Ya ha venido en Jesús. Jesús comenzó su ministerio público anunciando: «*Ya se cumplió el plazo señalado, y el reino de Dios está cerca. Vuélvanse a Dios y acepten con fe sus buenas noticias*» (Marcos 1.15, VPEE). Dijo a los fariseos: «*... el reino de Dios ya está entre ustedes*» (Lucas 17.21). Así que, en cierto sentido, el reino de Dios ya ha venido.

También necesitamos reconocer que nosotros no «edificamos el reino». Dios *trae* el reino. Dios da el reino. Es el *diseño* y la *obra* de Dios.

Aun así, Jesús nos dirige a orar: «*Venga tu reino*». Él sabe que cualquier cosa en que enfoquemos nuestro corazón y nuestra mente llegará a ser una realidad en nuestra vida.

El reino de Dios quiere decir la actividad reinante de Cristo en el corazón humano y en la sociedad. Así que dondequiera que se experimente el mandato de Cristo o su actividad reinante se experimenta (sea en la paz, en la justicia humana, en la sanidad, en el amor compartido, en la reconciliación), allí está el reino de Dios. El orar por el reinado de Cristo es una petición grande—un enorme deseo. Con razón Jesús lo comparó a «*la perla de gran precio*» o «*el tesoro en un campo*».

SEMANA TRES: CUANDO TODO FALLA, SIGA LAS INSTRUCCIONES ■ 65

Mateo 13.44-46:

*«Además el reino de los cielos es semejante a un tesoro escondido en un campo, el cual un hombre halla y lo esconde de nuevo; y gozoso por ello va y vende todo lo que tiene y compra aquel campo. También el reino de los cielos es semewjante a un comerciante que busca buenas perlas, y al hallar una perla preciosa, fue y vendió todo lo que tenía y la compró».*

*«Venga tu reino».* Ésta no es ninguna oración para quien no quiere cambiar.

## Reflexionar y anotar

Si el reino de Dios quiere decir el gobierno de Cristo sobre los corazones y la sociedad, considere los cambios que tendrían que llevarse a cabo para que el reino sea una realidad.

¿Qué cambios tendrían que realizarse en su vida para que el reinado de Cristo sea dominante? Estas preguntas le ayudarán en su reflexión: ¿Qué desea más que todo hoy? ¿Cuál es su *situación económica* hoy? ¿Cómo está gastando su dinero? ¿De qué se ha estado *preocupando* más en esta semana? ¿Qué es lo que más *ama*? ¿Cómo pasa el tiempo que tiene fuera de su trabajo?

† † †

1. Para su propia reflexión, sea específico/a y escriba al lado de cada una de las siguientes palabras los cambios necesarios para que el reino se realice en usted.

Dinero

Tiempo

Lo que más amo

Por lo que me preocupo

¿Y qué sucede con su comunidad? El reino de Dios significa que Dios reina sobre la sociedad. ¿Cuáles son las áreas obvias de la vida comunal, las condiciones sociales donde el reinado de Dios no está presente?

2. «Venga tu reino» —¿Qué está dispuesto a hacer para recibir (o ganar o alcanzar) *la perla de gran precio*, el reino, *en su propia vida*? (Escriba ese compromiso aquí.)

3. ¿Cómo va a poner su oración: «Venga tu reino» a trabajar en su comunidad?

## *Durante el día*

Ya sabe a estas alturas que no puede resolver en un período de treinta minutos la clase de preguntas que hemos estado tratando. Es una proposición de toda la vida. Por esa razón seguimos orando: «*...santificado sea tu nombre. Venga tu reino*». Siga reflexionando sobre estas frases durante el día. Pregúntese, ante las personas y situaciones que encuentre hoy: ¿Qué quiere decir que el nombre de Dios sea santificado aquí? ¿Qué significaría que el reino de Dios se realizara totalmente en esta situación y en esta relación?

# DÍA CUATRO

«*Hágase tu voluntad*».

Mateo 26.36-46, VPEE:

*Luego fue Jesús con sus discípulos a un lugar llamado Getsemaní, y les dijo: «Siéntense aquí, mientras voy allí a orar». Y se llevó a Pedro y a los dos hijos de Zebedeo, y comenzó a sentirse muy triste y angustiado. Les dijo: «Siento en mi alma una tristeza de muerte. Quédense ustedes aquí y permanezcan despiertos conmigo». En seguida Jesús se fue un poco más adelante, se inclinó hasta tocar el suelo con la frente, y oró diciendo: «Padre mío, si es posible, líbrame de este trago amargo, pero que no se haga lo que yo quiero, sino lo que quieres tú». Luego volvió a donde estaban los discípulos, y los encontró dormidos. Le dijo a Pedro: «¿Ni siquiera una hora pudieron ustedes mantenerse despiertos conmigo? Manténganse despiertos y oren, para que no caigan en tentación. Ustedes tienen buena voluntad, pero son débiles». Por segunda vez se fue, y oró así: «Padre mío, si no es posible evitar que yo sufra esta prueba, hágase tu voluntad». Cuando volvió, encontró otra vez dormidos a los discípulos, porque sus ojos se les cerraban de sueño. Los dejó y se fue a orar por tercera vez, repitiendo las mismas palabras. Entonces regresó a donde estaban los discípulos, y les dijo: «¿Siguen ustedes durmiendo y descansando? Ha llegado la hora en que el Hijo del hombre va a ser entregado en manos de pecadores. Levántense, vámonos; ya se acerca el que me traiciona».*

Jesús no enseñó que Dios nos daría cualquier cosa que pidiéramos. Hay limitaciones genuinas a lo que se nos concede por medio de la oración. La semana pasada consideramos esas promesas intrépidas y extravagantes de Jesús:

*Pedid, y se os dará; Buscad, y hallaréis; llamad, y se os abrirá. (Mateo 7.7)*
*Si tuviereis fe como un grano de mostaza …nada os será imposible. (Mateo 17.20)*
*Si dos de vosotros se pusieren de acuerdo …les será hecho. (Mateo 18.19-20)*

Consideramos las condiciones de esas promesas: El vivir en una relación de confianza con Dios, el pedir en el espíritu y bajo la dirección de Cristo. Ahora viene el resumen de todas las condiciones: «*Hágase tu voluntad*».

Dios no le dio a Jesús todo lo que le pidió. La oración en Getsemaní no era un juego para Jesús. La cruz ya se vislumbraba. Ésta era la noche oscura de su alma, la última lucha de su vida. Lea la historia otra vez (impresa arriba) y trate de ponerse en el lugar de Jesús.

† † †

Tres veces Jesús repitió la petición. No era un ligero, imprudente, superficial «Señor, dame _____». Agonizó al meditar en lo que estaba pasando. Tan profunda era su angustia que el escritor del evangelio nos dice que el sudor que bañaba su rostro era como grandes gotas de sangre.

«*Si es posible, pase de mí esta copa*»—si es posible, líbrame de la muerte. «*No*» fue la respuesta de Dios a esa petición en particular.

En la agonía más profunda de su vida, Jesús oró como le había enseñado a sus discípulos a orar:

Mateo 6.9-10, VLA:

«*Oren de esta forma: Venga tu reino, hágase tu voluntad en la tierra, como en el cielo*».

Mateo 26.39, VLA:

«*Padre, si es posible, aleja de mí esta copa Sin embargo, que se cumpla no lo que yo quiero, sino lo que quieres tú*».

El orar como Jesús enseñó quiere decir que nos tenemos que poner en el centro de la voluntad de Dios. No hay ninguna dimensión de la oración más importante que ésta.

El orar «*Hágase tu voluntad*» es también una afirmación del llamamiento de Dios y de nuestra vocación. Ninguno de nosotros está indefenso, y la pregunta desesperanzada «¿Qué puedo hacer?» no tiene lugar en una vida de oración. En nuestra oración a menudo identificamos nuestros dones y escuchamos el llamamiento de Dios. El orar *«Hágase tu voluntad»* es como decir: *«Heme aquí, ¡envíame a mí!».*

Pero hay algo más en esta enseñanza particular de Jesús. La pasaremos por alto si no tenemos cuidado. *«Hágase tu voluntad en la tierra así como se hace en el cielo»* no es tanto una petición en el Padrenuestro, como una afirmación con un fuerte énfasis. Cuando oramos esto como Jesús nos enseñó, estamos haciendo una afirmación. Tal afirmación puede obrar maravillas en nuestra vida. Necesitamos pedirle a Dios así como Jesús lo hizo y dar a conocer nuestras peticiones. Pero una vez que lo hayamos hecho, no debemos detenernos en nuestras peticiones y deseos. Mas bien, debemos centrarnos en la realización de la voluntad de Dios en la tierra —Dios está dispuesto a hacer por nosotros *«todas las cosas mucho más abundantemente de lo que pedimos o entendemos»* (Efesios 3.20, RVR).

Para mí esta declaración tiene mucho significado. Hay solamente dos posiciones legítimas para un cristiano: el arrodillarse en oración y decir: *«Hágase tu voluntad»*; o el estar listos y en pie diciendo: *«Heme aquí, envíame a mí».*

## Reflexionar y anotar

1. Vea de nuevo el modelo de la persona íntegra presentado en la página 38. Institucionalmente hemos llegado a ser seres tecnológicos. Nos sentimos empujados y desesperanzadamente atados a los sistemas que determinan nuestra vida. Pero, ¿no tenemos esperanza?

2. Considere su papel como trabajador o ciudadano, ¿Qué está haciendo que destruye lo mejor de sí o el bienestar de otras personas debido a que se siente atrapado dentro del sistema? Escriba sus conclusiones a continuación.

3. ¿Qué hará acerca de la destrucción? Sea específico al escribir algún esfuerzo específico que llevará a cabo.

4. Vea los grupos de los cuales forma parte (por ejemplo, la familia, clubes, partidos políticos). ¿Qué tiene que ver el orar *«Hágase tu voluntad»* con estos aspectos de su vida?

(familia) _____

(nombre del grupo) _____

(nombre del grupo) _____

## Durante el día

Durante todo este día, esté consciente de lo que ha escrito durante este tiempo de reflexión. Al acercarse a su trabajo y a su participación personal en otras actividades, busque hacer realidad esta oración: «*Hágase tu voluntad*».

## DÍA CINCO

«*Danos hoy el pan que necesitamos*».

Lucas 12.15-25:

*Y les dijo: Mirad, guardaos de toda avaricia, porque la vida del hombre no consiste en la abundancia de los bienes que posee. También les refirió una parábola, diciendo: La heredad de un hombre rico había producido mucho. Y él pensaba dentro de sí, diciendo: ¿Qué haré, porque no tengo donde guardar mis frutos? Y dijo: «Esto haré: derribaré mis graneros y los edificaré más grandes, y allí guardaré todos mis frutos y mis bienes; y diré a mi alma: Alma, muchos bienes tienes guardados para muchos años; descansa, come, bebe y regocíjate». Pero Dios le dijo: Necio, esta noche vienen a pedirte tu alma, y lo que has guardado, ¿de quién será? Así es el que hace para sí tesoro y no es rico para con Dios. Dijo luego a sus discípulos: «Por tanto os digo: No os angustiéis por vuestra vida qué comeréis; ni por el cuerpo, qué vestiréis. La vida es más que la comida, y el cuerpo más que el vestido. Considerad los cuervos, que ni siembran ni siegan; que ni tienen despensa ni granero, y Dios los alimenta. ¿No valéis vosotros mucho más que las aves? ¿Y quién de vosotros podrá, con angustiarse, añadir a su estatura un codo?*

La casa de oración no es una tienda a donde vamos a regatear y negociar dádivas de Dios. Es el hogar del Padre con quien vivimos, donde todos los tesoros del amor y la atención de Dios están disponibles para nosotros.

«Danos hoy el pan que necesitamos». Esta es una petición; es pedirle a Dios por las necesidades comunes de la vida. Pero más que una petición, es un compromiso. En el mismo escenario donde Mateo coloca el Padrenuestro, incluye la afirmación de Jesús de que Dios saciará todas nuestras necesidades.

Mateo 6.25-26, VPEE:

*«Por lo tanto, yo les digo: No se preocupen por lo que han de comer o beber para vivir, ni por la ropa que necesitan para el cuerpo. ¿No vale la vida más que la comida y el cuerpo más que la ropa? Miren las aves que vuelan por el aire: no siembran, ni cosechan, ni guardan la cosecha en graneros; sin embargo, el Padre de ustedes que está en el cielo les da de comer. ¡Y ustedes valen más que las aves!»*

Al decirnos que oráramos por el pan que necesitamos hoy y a la vez no preocuparnos acerca de nuestro comer y beber, Jesús está diciendo que todo lo que necesitamos para mantener nuestra vida es don de Dios. Debemos, por lo tanto, no tener ansiedad.

Los deseos dominantes de nuestra vida se reflejan en nuestras oraciones. Nuestra sociedad ha intensificado nuestros deseos de tal manera que nuestra oración por el pan de cada día es la marca de nuestra pecaminosidad. Ésta es una de las lecciones del *«rico insensato»*. Los deseos tienen que frenarse.

Debemos afirmar una y otra vez: *Dios es el dador*. Dios nos da las cosas que necesitamos o como dice Lucas: Dios nos sigue dando día tras día. Esto tiene tremendas implicaciones para nuestra vida y especialmente para nuestro orar. El acento se transfiere de la vida de esfuerzo a la vida de fe. Muchos de nosotros podemos afirmar que dependemos por completo de Dios para la salvación de nuestra alma. Sin embargo, no estamos dispuestos a llevar este compromiso a todos los aspectos de la vida.

*¡Dependo de Dios para todo en la vida!* Considere este pensamiento por unos cuantos minutos. ¿Qué quiere decir? ¿Lo puede aceptar? ¿Vive como si fuera verdad?

Aquí tenemos un gran principio de *mayordomía*. Todo lo que tenemos viene de Dios. Dios ha provisto suficientes recursos para las necesidades de toda la gente. Podemos vivir en esta tierra, que ha llegado a ser una aldea global, si los afortunados que tienen bastantes reservas son mayordomos responsables, cesan de *«derribar graneros y edificar otros mayores»*, dejan que Dios determine sus deseos en lugar de que los determine la tecnología que nos hace consumidores glotones.

El creer que dependemos de Dios para tener energía, para recibir el aire que respiramos, para la vida misma no quiere decir que nos vamos a cruzar de brazos sin hacer nada. El no tener ansiedad acerca del mañana (qué hemos de comer o beber o vestir) no es hacer menor el significado de nuestro trabajo y el uso creativo de nuestros talentos. Es dedicar todo lo que somos al Dador de la vida y a estar abiertos para recibir lo que Dios tiene para ofrecernos y lo que Dios, a través de nosotros, tiene para ofrecer a otras personas.

Mediante la oración, recibimos de Dios por fe todo lo que necesitamos para enfrentar las demandas de la vida. Así que *«Danos hoy el pan que necesitamos»* es más que una petición; es un *compromiso*. Es decirle a Dios: «Todo lo que necesito viene de ti. Estoy dispuesto a recibirlo. Me enfrento a este día y a toda la vida creyendo que tú suplirás todas mis necesidades».

Cuando creemos que nuestra propia vida es don de Dios y cuando vivimos en armonía con esa creencia, nos mantendremos en contacto con la realidad y con la fuente de esa realidad, que es Dios.

## Reflexionar y anotar

Es importante decir específicamente nuestras necesidades y presentarlas al Padre. Obviamente Jesús pensó que era importante orar aun por el pan de cada día. Anote sus necesidades principales en este día en los siguientes espacios designados.

| Necesidades físicas y materiales | Necesidades espirituales y emocionales |
|---|---|
| _____ | _____ |
| _____ | _____ |
| _____ | _____ |
| _____ | _____ |
| _____ | _____ |

Es sólo parcialmente cierto que nosotros proponemos y Dios dispone. Dios ya nos ha dado dádivas en abundancia. Hemos de usar estas dádivas para hacer frente a nuestras necesidades y las necesidades de los demás. Mire la lista arriba. ¿Hay algunas necesidades a las cuales Dios ya ha respondido al darle los recursos y talentos para satisfacerlas? Si es así, comprométase a ofrecer los recursos que tiene para satisfacer esas necesidades. Ore para recibir dirección al usar las dádivas que Dios ya le ha dado.

Hay necesidades en su lista para las cuales parece no tener recursos. Haga una nueva lista, señalándolas en el espacio abajo. No tiene que ponerlas en categorías.

Ahora puede orar algo como esto: «Señor Jesús, me has dicho que orara hoy por el 'pan' que necesito. Me has dicho que no tenga ansiedad acerca de lo que voy a comer o beber o vestir. Me has asegurado que si un padre humano sabe cómo dar buenas dádivas a sus hijos, mi Padre celestial me dará aun más abundantemente de lo que pueda pedir o pensar. Así que, aquí están las que creo ser mis necesidades (haga una lista de ellas tal como están asentadas arriba). Dejo que tú proveas para estas necesidades y estoy listo para recibir lo que tengas que ofrecerme, creyendo que lo que tengas que darme es mucho más grande aun que la satisfacción de esas necesidades. Con esa seguridad, me comprometo de nuevo a tu cuidado amoroso hoy. Amén».

## Durante el día

Dios quiere suplir las necesidades de todos sus hijos e hijas. Dios nos ha dado a algunos de nosotros los dones y los recursos para satisfacer las necesidades de los otros hijos e hijas de Dios. Hoy en alguna parte una persona, cuyo camino puede cruzarse con el suyo, hizo la misma clase de oración que usted oró: una oración por «el pan de cada día», una oración pidiendo que Dios supliera sus necesidades. Usted puede ser la contestación de Dios para esa persona. Esté dispuesto a esa posibilidad hoy y en los días venideros. Trate de ser sensible a los deseos de Dios de obrar en su vida para satisfacer las necesidades de otras personas. Nombre aquí a una persona que tiene una necesidad que usted puede satisfacer: (_____). Haga algo hoy para comenzar a hacer frente a esa necesidad.

## _____ DÍA SEIS _____

*«Perdónanos…así como nosotros hemos perdonado»*

Al comenzar su aventura hoy, ore quietamente pero en voz alta, lenta y deliberadamente, la oración que Jesús nos enseñó.

Mateo 6.9-13, RVR:
> *Padre nuestro que estás en los cielos,*
> *Santificado sea tu nombre.*
> *Venga tu reino.*

*Hágase tu voluntad,*
*como en el cielo, así también en la tierra.*
*El pan nuestro de cada día, dánoslo hoy.*
*Perdónanos nuestras deudas,*
*como también nosotros perdonamos a nuestros deudores.*
*No nos metas en tentación,*
*sino líbranos del mal.*

La lógica del Padrenuestro es muy clara. Comenzamos enfocándonos en Dios: «*Padre nuestro que estás en los cielos, santificado sea tu nombre*». Continuamos orando que venga el reino en «*la tierra como en el cielo*». El enfoque todavía está en Dios, pero es más personal en términos del dominio de Dios en nuestra vida y en nuestra comunidad. Es «la voluntad de Dios» la que estamos pidiendo.

Luego oramos por «pan», el verdadero sustento de la vida, creyendo que dependemos de Dios para todo en la vida.

Ahora viene la petición por el perdón: «*perdónanos nuestras deudas, como también nosotros perdonamos a nuestros deudores*». Fíjese en la palabra *y*, vinculando la oración por el perdón con la petición por el pan. ¡Cuán clara la lógica! Jesús sabía que Dios ofrece dos clases de alimento: el alimento para el cuerpo y el alimento para el alma; uno para sustentar la vida, el otro para hacer la vida libre y saludable.

La mayoría de las traducciones del Padrenuestro usa la palabra *deudas*, mientras la versión de Lucas usa la palabra *pecados*. Algunas versiones hablan de *agravios*. *El Libro de Oración Común*, el libro que usan muchas personas para la adoración pública, usa la palabra *ofensas*. Todas estas traducciones son iluminadoras e intercambiables, ofreciendo diferentes facetas de la misma verdad.

*Deudas:* Aunque pensemos que somos razonablemente libres de los acreedores o de obligaciones a otras personas que nos han hecho favores, no obstante, ¡estamos endeudados con Dios por nuestra existencia completa! La mera verdad es que vivimos en un mundo de interdependencia con otros y con Dios. Nuestras deudas (responsabilidades) hacia nuestro prójimo y hacia Dios forman una red de deudas. Debemos mucho más de lo que jamás podremos recompensar por lo cual nuestra oración humilde debe ser «*perdónanos nuestras deudas*».

*Pecados u ofensas:* Son esas cosas que hemos hecho que son censurables moralmente—el quebrantamiento de la ley de Dios.

*Transgresiones:* El transgredir o el traspasar quiere decir ir a donde no tenemos derecho de estar; pasar sobre tierra que no nos pertenece; ir contra Dios, violando la voluntad de Dios; ir contra otras personas, violando sus derechos personales.

No importa la palabra que usemos, la verdad es que ninguna persona puede *pagar* su deuda a Dios; ninguna persona puede perdonar sus propios pecados; ninguna persona puede *vindicar* sus propias transgresiones. Por la naturaleza misma del perdón es que tiene que venir de más allá de nosotros, de otra persona o de Dios, del ser que hemos ofendido o contra quien hemos pecado o con quien tenemos deuda. El perdón tiene que venir de más allá de nosotros y tiene que ser dado gratuitamente. No *pagamos* por el pecado, pero Jesús dijo que hemos de *orar* por él.

El pecado es separación de Dios; el perdón es reconciliación con Dios. La verdad maravillosa del evangelio es que el perdón es nuestro. «. . .*Dios estaba en Cristo reconciliando consigo al mundo*» (2ª a losCorintios 5.19).

El orar debe significar que estamos dispuestos a recibir el perdón de Dios. Una vez más, aquí tenemos la verdad en la cual hicimos hincapié ayer: Dios es el dador. El Padre quiere dar buenas dádivas a sus hijos e hijas. Dios quiere que recibamos el perdón que se nos ofrece.

Sin embargo, no lo hacemos. Permanecemos separados de Dios porque no queremos recibir el don del perdón de Dios. Queremos *hacer* algo para *ganárnoslo*. Queremos rectificar las cosas nosotros mismos. Así que, permanecemos separados en nuestras luchas.

Considere esto por un minuto o dos: *Dios ya lo ha perdonado.*

† † †

Lo que se necesita de parte suya es aceptar ese perdón. El aceptar el perdón de Dios nos llevará al arrepentimiento. Así que, al estar rodeados por el amor y la aceptación de Dios, sentimos arrepentimiento por nuestras ofensas, nuestros agravios, nuestros pecados, nuestras culpas.

El aceptar el perdón de Dios nos llevará a tratar de *corregir nuestros errores*. A esto lo llamamos restitución. Nos hará querer buscar la reconciliación con nuestro prójimo. Nos hará desear rectificar nuestro pasado. Zaqueo experimentó este perdón y dijo: «*Señor, la mitad de mis bienes doy a los pobres; y si en algo he defraudado a alguno, se lo devuelvo cuadruplicado*» (Lucas 19.8).

Así que Jesús ata dos movimientos juntos: «*Perdónanos nuestras deudas, como nosotros también perdonamos a nuestros deudores*». El recibir el perdón depende de tener un espíritu perdonador. ¿Podría ser ésta la razón por la cual el perdón muchas veces es irreal en nuestra vida? No somos capaces de recibir el perdón porque no tenemos un espíritu perdonador. No hemos perdonado a los demás. Esto era tan importante para Jesús que hizo hincapié en esta verdad en su parábola de los dos deudores (Mateo 18.21-35).

Pedro le preguntó a Jesús: «*Señor, ¿cuántas veces perdonaré a mi hermano que peque contra mí? ¿hasta siete?*».

«*No te digo hasta siete, sino aun hasta setenta veces siete*». Luego contó la parábola de los dos deudores. *Debido a la magnitud de su corazón, el rey canceló la deuda de uno de sus sirvientes.* Este sirviente afortunado entonces se volvió contra un consiervo y demandó que una suma mezquina fuera pagada. Cuando no lo hizo, en lugar de ofrecer el mismo tipo de perdón que había experimentado del rey, el sirviente perdonado mandó echar al consiervo en la cárcel de los deudores. Al oír estas noticias, el rey anuló su juicio y echó al sirviente ingrato en la cárcel.

Jesús concluyó esa parábola con esta palabra dura: «*Así también mi Padre celestial hará con vosotros si no perdonáis de todo corazón cada uno a su hermano sus ofensas*» (Mateo 18.35).

Hay implicaciones de gran alcance aquí. Principalmente, Jesús está apuntalando con esta parábola lo que nos enseñó acerca de la oración: «*Perdónanos nuestras deudas, como también nosotros perdonamos a nuestros deudores*».

## Reflexionar y anotar

1. Vuelva a leer lo que se dijo acerca de esas tres facetas de la misma verdad: *deudas*, *pecados o agravios*, y *transgresiones*. Sea específico en el espacio abajo al confesar cómo éstos encuentran expresión en su vida.

*Deudas:*

*Pecados o agravios:*

*Transgresiones:*

2. El perdón es un don de Dios. Estamos dispuestos a recibirlo en la medida en que tengamos un espíritu perdonador. ¿Hay personas que lo han agraviado y que usted necesita perdonar? ¿Quiénes son y por qué los considera *culpables*?

El perdón es don de Dios. Muchas veces el perdón de Dios puede ser real en nuestra vida sólo si nos perdonamos a *nosotros mismos*. ¿Lleva una carga de culpabilidad porque aún no se ha perdonado a sí mismo? Piense en esto. Si es verdad, admítalo y haga una oración como ésta:

> Señor Jesús, acepto tu perdón, pero confieso que no me he perdonado a mí mismo. Hoy me perdono (llene el espacio con el asunto que necesita perdonarse). _____
> _____. Sé que me perdonas. Ahora ayúdame a aceptarme a mí mismo/a. No permitas que vuelva a condenarme de nuevo. Amén.

## Durante el día

Hizo una lista de las personas que necesita perdonar, con quienes necesita reconciliarse. Durante este día, cuando menos comience el proceso de la reconciliación—una llamada telefónica, una carta, contacto personal, cualquier cosa que demuestre su «espíritu perdonador»—para que pueda sentir la liberación del perdón en la totalidad de la vida.

La semana pasada, en nuestro énfasis sobre «*si dos de vosotros se ponen de acuerdo*», se le pidió que buscara un compañero para orar. Tal vez querrá hablar con esa persona acerca de esta necesidad de perdonar y ser reconciliado.

# DÍA SIETE

«*No nos expongas a la tentación, sino líbranos del maligno*».

Abajo está el Padrenuestro como comúnmente lo oramos en un culto público. Ya hemos estado viviendo con esta oración por una semana. Estamos comenzando en verdad a apropiarla para nosotros mismos. Escriba al lado de las instrucciones de Jesús su propia oración, usando sus palabras y siguiendo este modelo.

Vosotros, pues, oraréis así:

Padre nuestro que estás en los cielos,

Santificado sea tu nombre.

Venga tu reino.

Hágase tu voluntad, como en el cielo,
así también en la tierra.

El pan nuestro de cada día, dánoslo hoy.

Perdónanos nuestras deudas,
como también nosotros perdonamos a nuestros deudores.

No nos metas en tentación,
sino líbranos del mal.

La lógica de Jesús sigue siendo clara en el Padrenuestro. «*Perdónanos... así como perdonamos*». Somos perdonados—las deudas enormes que le debemos a Dios; las maldades que hemos hecho; los pecados que hemos cometido de pensamiento, de palabra y de hecho. Con gracia maravillosa, con misericordia sin límite, Dios nos ama y nos perdona, nos acepta y anota que la cuenta está saldada.

«*No nos metas en tentación, sino líbranos del mal*». Esto sigue naturalmente a la petición de ser perdonados. No tan sólo necesitamos el perdón de Dios por lo que ha pasado; necesitamos la protección de Dios contra lo que pueda venir. Qué petición tan extraña: «*No nos metas en tentación*» ¿Por qué hemos de pedirle a Dios que no nos meta en tentación? De seguro que esta oración es más que una plegaria para ser eximidos de varias pruebas y oportunidades tentadoras que nos prometen vida, pero nos conceden fracasos y abandono. La vida cristiana, como nos lo muestra la cruz, es participación en y no exención de las pruebas y oportunidades tentadoras de la vida. Esta petición no dice: «*Exonéranos de las tentaciones de la vida*»; más bien es una plegaria de que no seamos abandonados mientras luchamos con las oportunidades y los poderes engañadores. Es el sentimiento de abandono y desesperación lo que hace la tentación tan temible. Así que oramos para no ser guiados a los últimos extremos de la tentación, ese sentido de haber sido «tomado» y ahora abandonado. Hemos de reclamar la promesa de Pablo de que ningún poder tentador, *«ni la muerte ni la vida,… ni potestades,… ni ninguna otra cosa creada nos podrá separar del amor de Dios en Cristo Jesús, Señor nuestro»* (Romanos 8.38-39).

*«Sino líbranos del mal».* Como la petición: *«No nos metas en tentación»*, ésta no es una oración para un trato especial de Dios, como si Dios pudiera impedir que el mal cruce nuestro camino. Más bien, la petición trata sobre manejar la maldad profundamente real que todos experimentamos. Oramos para ser liberados y eso no es lo mismo que ser exentos del mal. El rescate es la liberación, el ser liberados de la amenaza de que el mal puede destruirnos. Fíjese en esto: Es liberación para todos, no sólo para los fieles o los justos—*«líbranos»*, no *«libra a los que oran o los que van a la iglesia con regularidad».* ¿Estamos preparados para orar esta petición con seriedad, y pedirle a Dios por el rescate y la liberación de todos, incluyendo a aquellos que estamos oprimiendo y afligiendo con la maldad (por la indiferencia, la avaricia, el orgullo o sentimientos de superioridad)? ¿Qué cambios tendríamos que hacer en nuestra vida y en nuestras relaciones con los demás si oráramos esta petición con seriedad?

Aquí tenemos una dimensión de la oración y la vida cristiana que está ausente de gran parte de nuestra vida. Muy a menudo la oración es una reacción a lo que ha sido en lugar de ser una experiencia de lo que es y lo que puede ser. Al orar por la tentación y la liberación del mal, buscamos al Dios que nos insta a enfrentarnos con estos desafíos. Clamamos al *Cristo viviente* que es una parte constante de nuestra experiencia y que va delante de nosotros, animándonos a seguir adelante.

Jesús nos invita a entregarnos a él y a permitir que su incomparable poder sea la fuerza de nuestra vida.

Juan 15.1, 4-5:

*Yo soy la vid verdadera… Permaneced en mí, y yo en vosotros… vosotros [sois] los pámpanos… el que permanece en mí y yo en él, éste lleva mucho fruto…*

Nuestro orar y nuestro vivir jamás serán la vibrante experiencia que pudieran ser hasta que comprendamos esto. El permanecer en Cristo, el permitir que su espíritu more en nosotros es nuestra fuente de poder. Al permitir que su *vida* more en nosotros, oramos *«No nos metas en tentación, sino líbranos del mal».*

El evangelio es la buena nueva del Libertador. El Libertador es Cristo. Él está de parte nuestra en nuestra lucha contra cualquier poder que nos pueda tentar a pecar o nos busque para destruirnos. Él es la respuesta de Dios a nuestra oración: «No nos metas en tentación, mas líbranos del mal».

## Reflexionar y anotar

Grabe el símbolo de la vid y los pámpanos en su mente. Todos los pámpanos están unidos a la vid. Los pámpanos dependen de la vid para su vida misma. Al fruto de los pámpanos se les da vida, se les nutre y se les lleva a su plenitud (madurez) por la vida que sale de la vid.

Considérese un pámpano con Jesús como la vid, permaneciendo en él y él en usted. Escriba una oración acerca de qué significa eso para usted y cómo buscará llevarlo a cabo en su vida.

## Durante el día

Algunos piensan que es muy simplista confrontar los problemas y las tentaciones con la pregunta: «¿Qué haría Jesús?» No obstante, podemos ser guiados de esa manera. Tal vez una manera mejor de decirlo es: «Si en verdad soy un pámpano de su vid, si permanezco en él y él en mí, ¿a dónde debería ir? ¿qué debería hacer? ¿cómo debería responder hoy a esta situación con esta persona?». Agregue a esto el hecho de que si permanece en él, el poder de Jesús será su poder. Por lo tanto, usted no se encara con los problemas y las tentaciones a solas.

Mantenga esta visión en mente durante todo el día. Esté consciente de o traiga a la memoria el Cristo viviente como su Libertador, como la respuesta de Dios a su oración. «No nos metas en tentación, sino líbrame a mí y a todos nosotros del mal que nos infligimos unos a otros».

## Reunión de grupo para la Semana Tres

## Introducción

*Para el trabajo en grupo se necesita: pizarrón o papel de imprenta*

Es conveniente ofrecer retroalimentación a los participantes para mantener la dinámica del grupo trabajando positivamente para todos. El líder debe ser sensible a esto. A las personas se les debe animar a compartir sus sentimientos acerca de cómo funciona el grupo. Quizá querrá comenzar esta sesión pidiendo a los participantes que hablen sobre cómo se sienten.

La retroalimentación es esencial para la comunicación porque a menudo no escuchamos bien lo que alguna persona dice. La práctica de repetir y comprobar lo que escuchó decir a la persona con quien habla puede ser muy conveniente en la comunicación (por ejemplo: «Oí que dijo que se siente culpable porque tiene que *forzarse* a sí mismo a orar. ¿Es así?»).

Esto tiene un gran significado en la oración. Queremos saber que se nos está escuchando. El saber que nuestras amistades nos escuchan puede ser el primer paso en nuestra experiencia de Dios como un amigo que realmente nos oye. Así que cada uno de nosotros debe practicar el escuchar y el preguntar si lo que entendió es correcto para que nuestros compañeros peregrinos de oración puedan saber que en verdad escuchamos. Se necesita sólo una o dos personas practicando esta manera de escuchar con seriedad para establecer el clima para todo el grupo.

## Compartir juntos

1. ¿Experimentó algo nuevo o diferente al orar el Padrenuestro esta semana? Comparta esto con el grupo.

2. La sugerencia para «Durante el día» el Día Cinco de esta semana fue para que usted estuviera dispuesta a la posibilidad de ser la respuesta de Dios a la oración de alguien por «el pan de cada día». Permita que cada persona comparta su experiencia después de esa sugerencia. ¿Se presentó tal oportunidad? ¿Reaccionó usted? ¿Cómo se sintió respecto a ello?

3. Vea el Día Uno de esta semana en su cuaderno. Dividió el Padrenuestro en pensamientos sencillos. Repase la oración y seleccione el pensamiento que usted estaría *más dispuesto* a omitir de la oración. Subraye la frase. (Tome el tiempo suficiente para hacer esto deliberadamente.)

a. Ahora permita que cada persona del grupo comente sobre por qué escogió esa frase en particular.

b. Después de que hayan dialogado, seleccione una persona para anotar en un pizarrón o en papel de imprenta aquellas ideas que las personas del grupo descubrieron durante esta discusión.

## Para orar juntos

La oración colectiva es una de las grandes bendiciones de la comunidad cristiana. El afirmar eso es una cosa; el experimentarlo es otra. Para *experimentarlo* tenemos que *llevarlo a cabo.* Jesús insistía en que el estar a solas con Dios es una dimensión básica de la oración; por lo tanto, necesitamos comprender también la posibilidad de que la mente y la voluntad de Dios para nosotros se aclaren más cuando oramos con los demás. «Si dos de vosotros se ponen de acuerdo».

¿Querrá ser un poco más valiente ahora y experimentar con las posibilidades de la oración colectiva al compartir más abierta e íntimamente?

1. En su período de «Reflexionar y anotar» del Día Tres de esta semana, se le pidió que fuera específico en indicar los cambios necesarios para que el reino fuera una realidad para usted.

a. Pase tres minutos en silencio, al reflexionar una vez más acerca de esos cambios que necesita. Seleccione uno que esté dispuesto a compartir con los miembros del grupo—para que puedan orar con usted y por usted.

b. Deje que cada persona comparta con el grupo algún cambio que necesita hacer. (Una vez más, será de ayuda si toma algunas notas para recordar durante la semana las necesidades de sus amistades.)

2. En cierto sentido, a través del compartir, ya habrán estado orando colectivamente. Hay poder, no obstante, en una comunidad con una jornada común expresando a Dios en palabras, lo que siente y piensa en la presencia de los compañeros. Experimente con esta posibilidad ahora.

a. Deje que el líder diga el nombre de cada persona, haciendo una breve pausa después de cada nombre para que alguna persona del grupo ofrezca una breve oración en voz alta enfocada en lo que dicha persona ha compartido. Debe ser tan sencillo como: «Señor, dale a Juanita la victoria sobre su resentimiento hacia su vecina». (Líder, no olvide mencionar su propio nombre.)

b. Cuando se hayan mencionado todos los nombres y se haya orado por todas las personas, siéntese en silencio por dos minutos, en disposición para recibir la fuerza del amor que es nuestro como comunidad. Disfrute su vinculación con personas que están mutua-mente preocupadas.

c. Después de este tiempo de quietud, el líder puede clausurar la reunión sencillamente diciendo: «Amén».

# SEMANA CUATRO

Los ingredientes
básicos de la oración
y el descubrimiento de
su modelo

# INTRODUCCIÓN

## LA CONFIANZA EN QUE DIOS PROVEERÁ

Antes hablé de una afirmación que me sirvió bien durante mi dolorosa y difícil transición. Me vino del corazón de Dios cuando lo necesitaba desesperadamente. «La voluntad de Dios jamás nos llevará donde la gracia de Dios no nos pueda sostener».

La historia acerca de Abraham ofreciendo a su hijo Isaac como un sacrificio al Señor es una de las historias más dramáticas en la Biblia. No es una historia fácil de entender o aceptar. ¿Quién puede comenzar a identificarse con Abraham—cuando el Señor le pide que sacrifique a su único hijo, el hijo de la promesa?

La historia comienza diciendo: «*Aconteció después de estas cosas, que Dios probó a Abraham*», y enseguida viene la historia del sacrificio de Isaac por su padre Abraham.

Cuando usted lee la Biblia, especialmente el Antiguo Testamento, el mensaje parece ser que Dios es la *causa* de todo lo que sucede. No hay ninguna vacilación para acreditarle a Dios todas las aflicciones así como todas las bendiciones de la vida. Aquí tenemos una muy frecuente expresión de esta idea .

Salmo 66.10-12, RVR:

> *Porque tú, Dios, nos probaste;*
> *nos purificaste como se purifica la plata.*
> *Nos metiste en la red;*
> *pusiste sobre nuestros lomos pesada carga.*
> *Hiciste cabalgar hombres sobre nuestra cabeza.*
> *¡Pasamos por el fuego y por el agua,*
> *pero nos sacaste a la abundancia!*

Lo que necesitamos recordar es que la mente hebrea no interpretaba la realidad desde la perspectiva de causa/efecto. No hacía distinción entre un Dios que *causa* o un Dios que *permite*. La visión hebrea de la historia era que Dios estaba en absoluto control sin añadir la dimensión de la libertad humana. Además sólo hay vislumbres del amor abnegado de Dios tal como se reveló en Jesucristo en buena parte del Antiguo Testamento.

En sus mejores momentos, sin embargo, los hebreos pudieron decir con el salmista: «*pero nos sacaste a la abundancia*» (66.12).

Así que no creo como algunas personas que Dios es responsable por las pruebas y las tribulaciones de nuestra vida, las cosas trágicas y las problemáticas que nos acontecen. Algunos dicen que Dios manda estas cosas para castigarnos o corregirnos. Yo no creo eso. No creo que Dios diseñe las tragedias y nos las envíe. Ni tampoco creo que las cosas malas que nos suceden son castigos por nuestros pecados. Creo, no obstante, que Dios usa todas estas cosas para probarnos y para formarnos, para traernos a la plenitud. No todo lo que nos acontece es por voluntad de Dios, pero la voluntad de Dios está en todo lo que sucede.

Creo que lo que estaba pasando en la historia sobre el sacrificio que Abraham debía hacer de su hijo Isaac es una prueba. Era una prueba de la fe de Abraham—si iba a confiar en Dios como el dador de «*toda buena dádiva y todo don perfecto*». Usted recordará que Isaac fue un hijo milagroso—un hijo dado a Abraham y a Sara cuando eran viejos. Abraham se maravilló con ese regalo; su hijo representaba vida para él. Entendemos esto mejor si sabemos un poco acerca del sistema patriarcal de Israel. Abraham era el patriarca. Era absolutamente esencial para un patriarca tener hijos para que el patriarcado siguiera; por lo tanto, el tener un hijo representaba realmente el futuro para Abraham.

Así que, en este evento, Abraham recibe el llamamiento de confiar en el Señor para proveer el futuro. Hay una promesa maravillosa en la Biblia que dice: «*Yo sé los planes que tengo para ustedes, planes para su bienestar y no para su mal, a fin de darles un futuro lleno de esperanza. Yo, el Señor, lo afirmo*». (Jeremías 29.11, VPEE).

Lo que pensamos y sentimos acerca de Dios en relación a la dimensión trágica de nuestra vida, a nuestro dolor y sufrimiento, da forma a nuestra vida entera y seguramente a nuestra oración. Es bueno recordar siempre que la vida no es Dios. Confundimos las dos cosas. Si recordamos que la vida no es Dios, entonces podemos afirmar que aunque la vida no sea justa, Dios es bueno. Dios *usa* las circunstancias de la vida para probarnos y formarnos. La oración también llega a ser una prueba, una prueba de nuestra relación con Dios: ¿Hasta que punto confiamos en Dios? ¿Cuán dispuestos estamos de poner nuestra vida en las manos de Dios?

También, al orar probamos nuestros anhelos, preguntas, necesidades, preocupaciones y deseos. Al elevarlos a Dios, especialmente cuando oramos con alguien más o con un grupo, comenzamos a vernos a nosotros mismos—nuestros anhelos, necesidades, preocupaciones, preguntas y deseos—desde la perspectiva de nuestra relación con Dios y con los demás. (Ver el Día siete.)

El proceso entero, pues, es parte del desarrollo de nuestra confianza en el Señor para proveer el futuro.

## DÍA UNO

*Una perspectiva personal a través de la alabanza*

Mateo 6.13, RVR:
«... *porque tuyo es el Reino, el poder y la gloria,
por todos los siglos. Amén*».

Lucas no incluyó esta doxología como conclusión de la oración que Jesús enseñó a sus discípulos. Los eruditos creen que muy temprano en su historia, la iglesia agregó esta doxología como un responso litúrgico a la oración original. Estaba tan de acuerdo con el espíritu de la oración que Mateo la hizo parte integral de ésta. Desde el principio, las personas creyentes y la iglesia al adorar agregaron una expresión vigorosa de alabanza: *«Porque tuyo es el Reino, el poder y la gloria, por todos los siglos. Amén».*

Hemos estado viviendo con este modelo de Jesús, estas instrucciones que él nos dio. Se espera que seguirá viviendo con esta oración y que descubrirá maneras para hacerla parte de su experiencia.

Durante esta fase de nuestra aventura, queremos considerar algunos ingredientes básicos de la oración y descubrir para nosotros mismos un modelo para orar.

Jesús y todos aquellos que nos enseñan a orar incluyen la *adoración* y la *alabanza* como ingredientes básicos de la oración.

*Adoración:* «Padre nuestro que estás en los cielos, santificado sea tu nombre» (RVR).

*Alabanza:* «Porque tuyo es el Reino, el poder y la gloria, por todos los siglos. Amén» (RVR).

La adoración y la alabanza forman un movimiento en la oración. Adoramos a Dios por lo que Dios es; alabamos a Dios por lo que Dios está haciendo.

Romanos 11.33-36:

*«¡Profundidad de las riquezas, de la sabiduría y del conocimiento de Dios! ¡Cuán insondables son sus juicios e inescrutables sus caminos!, porque, ¿quién entendió la mente del Señor? ¿o quién fue su consejero? ¿Quién le dio a él primero para que le fuera recompensado?, porque de él, por él y para él son todas las cosas. A él sea la gloria por los siglos. Amén».*

Siempre hay una dimensión de misterio en la oración. La criatura se encuentra con el Creador. La alabanza y la adoración nos hacen «quitarnos el calzado» al colocarnos en terreno sagrado. Los Salmos son recursos excelentes para la alabanza y la adoración. A mucha gente le ayuda leer uno o dos salmos todos los días como un acto de alabanza y adoración al comenzar el período de oración privada.

Otros aprenden de memoria ciertos salmos o porciones de los salmos y los usan vez tras vez al adorar y alabar a Dios. Aquí tenemos algunos de los favoritos.

Salmo 100:

*Cantad alegres a Dios, habitantes de toda la tierra.*
*Servid a Jehová con alegría;*
*venid ante su presencia con regocijo.*

*Reconoced que Jehová es Dios;*
*él nos hizo y no nosotros a nosotros mismos;*
*pueblo suyo somos y ovejas de su prado.*

*Entrad por sus puertas con acción de gracias,*
*por sus atrios con alabanza.*
*¡Alabadlo, bendecid su nombre!,*
*porque Jehová es bueno; para siempre es su misericordia,*
*y su fidelidad por todas las generaciones.*

Salmo 103.1-5:

*Bendice, alma mía, a Jehová,*
*y bendiga todo mi ser su santo nombre.*
*Bendice, alma mía, a Jehová,*
*y no olvides ninguno de sus beneficios.*
*Él es quien perdona todas tus maldades,*
*el que sana todas tus dolencias,*
*el que rescata del hoyo tu vida,*
*el que te corona de favores y misericordias,*
*el que sacia de bien tu boca*
*de modo que te rejuvenezcas como el águila.*

Salmo 8.1, 3-5, 9:

*¡Jehová, Señor nuestro,*
*cuán grande es tu nombre en toda la tierra!*

*Cuando veo tus cielos, obra de tus dedos,*
*la luna y las estrellas que tú formaste,*
*digo: «¿Qué es el hombre para que tengas de él memoria,*
*y el hijo del hombre para que lo visites?»*

*¡Jehová, Señor nuestro,*
*cuán grande es tu nombre en toda la tierra!*

*Hay poder en la alabanza.* El enfocarse en la grandeza, el amor, la misericordia, el cuidado, la presencia y el poder de Dios nos eleva sobre nuestras propias limitaciones. Dirige nuestra mente a la fuente del poder más allá de nosotros. Adquirimos perspectivas para nuestro propio tiempo y circunstancias. Descubro, y muchos otros han compartido la misma experiencia, que los problemas se ven en una luz diferente, las perplejidades se resuelven, la confusión muchas veces desaparece. Un poder que no busco o pido viene cuando, al orar, puedo dar atención a la adoración y a la alabanza. No sé cómo sucede esto, pero sucede.

Von Hugel declaró en una ocasión: «Cualquier religión que pasa por alto la adoración a Dios es como un triángulo al que le falta un lado»[7]. Hay una antigua oración hindú que sólo dice: «Maravilloso, maravilloso, maravilloso». Cuando pensamos en la actividad de Dios en Cristo, nos sentimos movidos a adorar y a alabar: «Maravilloso, maravilloso, maravilloso».

La adoración y la alabanza combinan la gratitud, la reverencia y la admiración. *Gratitud:* no tan sólo por las dádivas de Dios, sino por Dios y la revelación de Dios en Cristo Jesús, por el poder de Dios que viene a través de la presencia constante del Espíritu Santo, por la fidelidad de Dios—el estar siempre accesible, siempre atento.

*Reverencia*: no una reverencia por obligación, sino el sentimiento directo de ser llevados a la presencia de Dios, llevados al pináculo de nuestro propio ser, llevados a un sentido de unidad con los demás debido a nuestra unidad con Dios.

*Admiración*: un sentido de humildad, incapaz de comprender el misterio del amor y la gracia obrando en nuestra vida. La certeza sin palabras de que las coincidencias que parecen inexplicables tienen tal sentido y propósito que las reconocemos como «incidentes de Dios», eventos en los cuales la siempre presente actividad de Dios nos provoca admiración. El sentimiento interior que nos hace *saber* que la comprensión repentina, la dirección inmediata, el ver caer en su lugar las experiencias fuera de lugar no son experiencias accidentales. Todo este Poder más allá de nosotros irrumpiendo y el Misterio operando en nuestra vida nos llena de admiración. «¿Qué es el ser humano? ¿Por qué lo recuerdas y te preocupas por él?»

Gratitud, reverencia, admiración—como ver una hermosa montaña salir de la oscuridad al amanecer y no querer subirla o tomarle una fotografía o hablar de ello, sólo verla y perderse en su grandeza; como el caminar con una amiga hablando más y más profundamente hasta sentirse en unidad una con la otra, luego sentarse para descansar y no hablar mas, sólo estar en la presencia de la otra persona en silencio; como el sentarse en la playa y escuchar el torrente de las olas cuando se alza una tempestad: las olas se levantan más y más y se acercan más y más, pero usted no tiene miedo, sólo se siente abrumado por el poder de la naturaleza y por su incapacidad para calmarla o detenerla.

## *Reflexionar y anotar*

Vuelva a leer los salmos 100; 103.1-5; 8.1, 3-5, 9. Léalos en voz alta, lenta y cuidadosamente. Luego léalos una segunda vez con todo el entusiasmo y la emoción que evocan. Luego siéntese calladamente por tres minutos, cinco si puede, en *gratitud, reverencia* y *admiración*.

† † †

Después de este tiempo de adoración y alabanza, escriba dos o tres oraciones que describan sus sentimientos.

## *Durante el día*

Manténgase atenta hoy a los «incidentes de Dios», la comprensión repentina, la dirección inmediata, el misterio, el irrumpir del poder. Cuando esté consciente de tales cosas responda con esta expresión de alabanza: «*Bendice, alma mía, al Señor, y bendiga todo mi ser su santo nombre*». Memorice todo para recordarlo al instante. Tome un papel chico y una pluma consigo, y anote las experiencias con Dios cada vez que esté consciente de ellas hoy.

# Día Dos

*Confesión para la comunión y la purificación*

Ayer se le pidió que anotara los «incidentes de Dios» que experimentó. Ahora ponga esas notas en el espacio abajo. Si nolas anotó, trate de recordarlos y escríbalos aquí.

Empiece una breve oración de adoración y alabanza con las palabras del salmista: «*Bendice, alma mía, a Jehová, y bendiga todo mi ser su santo nombre*». Termine la oración con sus propias palabras de adoración y alabanza al pensar acerca de quién es Dios, lo que ha hecho y lo que está haciendo, especialmente cómo vió a Dios obrar ayer.

La *confesión* es otro ingrediente básico de la oración. Mediante la confesión, experimentamos limpieza y comunión. El libro clásico *Cloud of Unknowing* usa la frase un *bodoque de pecado*. El escritor dice que nos sentimos de esa manera a veces —como «un bodoque de pecado». De eso me dí cuenta vívidamente cuando viajaba por dos semanas lejos de mi familia hace muchos años. Llegué a Nueva York en un vuelo transatlántico, cansado, anhelando ver a mi familia, especialmente a mi esposa. Una tentación algo sutil, pero directa se me presentó. Una mujer joven me hizo saber que estaba disponible. Confieso que mi nivel de lascivia casi me hizo perder el control. Acaricié la posibilidad de responderle—sólo por un momento.

Por el compromiso con mi esposa y con mi familia, y por todo lo que creo acerca de la vida y las relaciones, actué con responsabilidad y rehusé la tentación. Sin embargo, ese momento de tentación se quedó conmigo como un borrón casi toda la noche.

Mi horario para dormir estaba en caos debido al vuelo nocturno de Londres y por el cambio de los horarios. A solas en mi hotel, en mi estado insomne quería orar para estar en comunión con Dios. No me parecía capaz de lograrlo, y la comunión parecía imposible. Después de un rato de lucha y angustia mental, me di cuenta del bloqueo. Estaba experimentando las consecuencias del momento de lascivia que había experimentado anteriormente. Así que tenía un tremendo sentido de desconcierto y vacío. Me sentía como un «bodoque de pecado».

Ese desconcierto y ese vacío no se debía a algo que había hecho—no había actuado irresponsablemente—sino a la manera en que me relacionaba con mis sentimientos lascivos. Confieso que no quería admitir que tenía deseos potencialmente lascivos, pero allí estaban—eran una parte real de mí con la cual tenía que tratar. Al no querer descubrirlos, me sentía como un «bodoque de pecado».

Anteriormente en nuestra aventura, nos preseentamos ante Dios, compartiendo nuestro verdadero yo con Dios. Yo practiqué eso al nombrar mi «bodoque de pecado», confesándolo como una parte real mía, pidiéndole a Dios que me ayudara a usar la energía vital detrás de ello en maneras más constructivas. Comencé a experimentar alivio y tranquilidad en mi ser interior. Comencé a sentirme «bien» (en verdad) con Dios y la comunicación fluyó. Pronto sentí alivio, me sentí edificado ya no me sentía como

un «bodoque de pecado». Me quedé dormido unos minutos después. *La comunión y la purificación me habían llegado mediante la confesión.* El salmista sabía el poder de la confesión
desde hace mucho tiempo.

Salmo 66.16-20:

*¡Venid, oíd todos los que teméis a Dios,
y contaré lo que ha hecho en mi vida!
A él clamé con mi boca
y fue exaltado con mi lengua.
Si en mi corazón hubiera yo mirado a la maldad,
el Señor no me habría escuchado.
Mas ciertamente me escuchó Dios;
atendió a la voz de mi súplica.
¡Bendito sea Dios,
que no echó de sí mi oración
ni de mí su misericordia!*

La adoración y la alabanza están expresadas allí. Y también la confesión: «*Si en
mi corazón hubiera yo mirado a la maldad, el Señor no me habría escuchado*».

El Dios amoroso a quien oramos quiere compañerismo con nosotros. Sabemos
que Dios es bueno y justo, y que nuestro pecado impide la comunión íntima. El bloqueo
está del lado nuestro, no del de Dios. El bloqueo se remueve con la confesión. El autor
de la Primera Epístola de Juan no estaba tanto estableciendo una condición para llenar
como declarando un hecho eterno al decir: «*Si confesamos nuestros pecados, él es fiel y justo para perdonar nuestros pecados, y limpiarnos de toda maldad*» (1ª de Juan 1.9).

El perdón de Dios es nuestro al aceptarlo. La confesión es un requisito previo,
no para el perdón de Dios, sino para apropiar (recibir) el perdón de Dios. Ésa es la razón
por la cual la confesión nos purifica. Nos entregamos a Dios. Aceptamos el amor y el
perdón, y somos libres y cabales otra vez.

La confesión abre la puerta a la comunión. El pecado trae la separación, la desave-
nencia; el perdón trae la reconciliación, la solidaridad. El pecado, pues, es una barrera a
la comunión. La confesión remueve la barrera. Venimos a Dios tal como somos, recibimos
el perdón de Dios, que nos hace sentir limpios, y entramos en comunión con Dios.

## *Reflexionar y anotar*

El pecado no es sólo lo que hacemos, con frecuencia es lo que pensamos y somos.
Es nuestra separación de Dios, nuestro fracaso en vivir en una relación de obediencia a
Dios. Es poner nuestro reino, en vez del reino de Dios, primero. A veces nos sentimos
como un «bodoque de pecado», no por lo que hemos hecho, sino porque nuestro ser
interior parece estar en desorden, fuera de una relación con Dios. No sentimos ninguna unidad interior. Nuestra vida está fragmentada, desenfocada.

¿Dónde se siente en desorden o en alienación hoy? Escriba su confesión aquí.

El hecho de que soy pecador no le impide a Dios amarme. La comunión con Dios no depende de que no tenga pecado. Al contrario, depende de que me reconozca a mí mismo como pecador, aceptando ese hecho dentro de mí mismo, creyendo con todo mi corazón que Jesús me ama tal como soy y que su amor me salva, me limpia.

Cuando creo de esta manera en mi corazón, me siento limpio. Puedo entrar en comunión con Dios y oro de la siguiente manera:

«Señor, sé que eres un Dios personal y que estás cerca, pero no me he portado en conformidad con mi creencia. Siempre se me olvida que tú eres un Padre infinitamente amoroso y que tu plan es hacerme tu hijo o hija—entera y completamente, con beneficios inimaginables que sólo un padre amoroso puede dar a sus hijos e hijas. Sigo olvidando que tu singularidad no es el ser omnipotente, sino el ser todo amor, que no eres un Dios para que yo ame, sino también un Dios por quien debo permitirme ser amado. Ayúdame, Padre, para dejarme ser amado. Amén».

Termine la oración que comenzó con su confesión anterior, compartiendo con Dios exactamente cómo se siente acerca de aceptar su perdón y su amor.

## Durante el día

Lo que hemos estado tratando en esta sesión de nuestra aventura es tal vez la dimensión más difícil de nuestra relación con Dios. Pasamos nuestra vida luchando con el amor de Dios por nosotros y lo que habremos de hacer en respuesta a ese amor. Aquí lo tenemos en la Escritura en pocas palabras.

1ª de Juan 4.7-12:

*Amados, amémonos unos a otros; porque el amor es de Dios. Todo aquel que ama es nacido de Dios y conoce a Dios. El que no ama no ha conocido a Dios, porque Dios es amor. En esto se mostró el amor de Dios para con nosotros: en que Dios envió a su Hijo unigénito al mundo, para que vivamos por él. En esto consiste el amor: no en que nosotros hayamos amado a Dios, sino en que él nos amó a nosotros y envió a su Hijo en propiciación por nuestros pecados. Amados, si Dios así nos ha amado, también debemos nosotros amarnos unos a otros. Nadie ha visto jamás a Dios. Si nos amamos unos a otros, Dios permanece en nosotros y su amor se ha perfeccionado en nosotros.*

Seleccione a una persona a la que le es difícil amar. Durante el día, vea cómo su esfuerzo deliberado de amar a esta persona como Dios lo ha amado a usted mejora su comunión con Dios.

## DÍA TRES

*Poder mediante la petición*

Muchas personas de larga experiencia en la oración rechazan como innecesaria e irreverente la idea de que las peticiones son un esfuerzo para conseguir que Dios haga lo que queremos que haga. La oración, dicen ellas, es primordialmente ponernos en las manos del Padre, entregarnos sin reserva a Dios, sin hacer otra petición que la de hacer la voluntad de Dios. La oración es un acto de entrega, una actitud de sincera disposición de confiar en lo que el Padre tiene para nosotros.

La oración es el entregarnos sin reserva en las manos de Dios, el rendirnos a Dios, el estar disponibles para recibir los regalos de Dios. Pero el decir que esto no deja lugar para las súplicas (el darle a Dios a conocer nuestras peticiones) es ir en contra de una de las enseñanzas más enfáticas de Jesús. Las Escrituras dicen claramente que debemos venir a nuestro Padre con nuestros deseos y pedirle a Dios que satisfaga nuestras necesidades: Pedid, llamad, buscad; «*el pan nuestro de cada día dánoslo hoy*»; «*si dos de vosotros se ponen de acuerdo en la tierra acerca de cualquier cosa que pidan, les será hecho*»; «*¿cuánto más vuestro Padre que está en los cielos dará buenas cosas a los que le pidan?*»

No debemos permitir que la oración se reduzca a la superstición que la ve como un plan desesperado para conseguir lo que queremos (generalmente después de que todo lo demás falla) o meramente como una técnica psicológica provechosa de autosugestión. Al mismo tiempo, no debemos pasar por alto el lugar de la petición o la súplica en una práctica efectiva de la oración. Obviamente Jesús creía que había poder y significado en la petición y la súplica. Pablo puso este ingrediente de la oración en una perspectiva apropiada en su Epístola a los filipenses:

Filipenses 4.6-7:

*Por nada estéis angustiados, sino sean conocidas vuestras peticiones delante de Dios en toda oración y ruego, con acción de gracias. Y la paz de Dios, que sobrepasa todo entendimiento, guardará vuestros corazones y vuestros pensamientos en Cristo Jesús.*

Las diferentes traducciones agregan diferentes énfasis.

Biblia de Jerusalén:

*No os inquietéis por cosa alguna; antes bien, en toda ocasión, presentad a Dios vuestras peticiones, mediante la oración y la súplica, acompañadas de la acción de gracias. Y la paz de Dios, que supera todo conocimiento, custodiará vuestros corazones y vuestros pensamientos en Cristo Jesús.*

Versión Latinoamérica:

*En cualquier circunstancia recurran a la oración y a la súplica, junto a la acción de gracias, para presentar sus peticiones a Dios. Entonces la paz de Dios, que es mucho mayor de lo que se puede imaginar, les guardará su corazón y sus pensamientos en Cristo Jesús.*

Examine estas diferentes traducciones. ¿Hay diferencias considerables en el significado? ¿Cuál traducción le ayuda a entender mejor el significado de este pasaje? ¿Por qué? Tome algunos apuntes aquí.

La expresión de anhelos no es una parte cualquiera de la adoración cristiana. En contraste a otros sistemas de oración que enseñan la extinción del deseo, el Nuevo Testamento anima al desarrollo y la disciplina de nuestros anhelos de acuerdo con la voluntad de Dios... Nuestros deseos son un factor muy importante en hacernos lo que somos, y si bien los malos deseos pueden arruinarnos, los buenos deseos pueden ser nuestra salvación. En lugar de tratar de suprimir el deseo, lo debemos purificar y exaltarlo, y no hay mejor manera de hacerlo que darle a conocer a Dios nuestras peticiones. El declarar claramente en la presencia de Dios lo que queremos es un ejercicio que no se puede emprender a la ligera o imprudentemente. Es una parte importante de la disciplina de la oración.[8]

Despues de hacer la declaración arriba, Maclachlan nos amonesta de esta manera:

1. Esté consciente del deseo débil de quien nunca quiere nada lo suficientemente como para estar seguro de conseguirlo o de gozarlo cuando lo recibe.

2. Esté alerta, por otro lado, a los deseos insistentes e inoportunos cuya satisfacción puede demorar el cumplimiento de un propósito superior.

3. Lo peor de todo, y uno de los impedimentos principales para la oración eficaz, es el deseo dividido. Una persona indecisa es inestable en todos sus modos y maneras. Al expresar esas amonestaciones de manera positiva diríamos:

    a. debemos saber qué queremos;

    b. debemos estar seguros de que lo queremos;

    c. no debemos pedir a la vez cosas que son contrarias una a la otra.

## *Reflexionar y anotar*

¿Cuáles fueron las últimas dos o tres peticiones específicas que llevó a Dios en oración? O, ¿qué peticiones está trayendo a Dios hoy? Escríbalas aquí.

Examine estas peticiones a la luz de las amonestaciones que se mencionan arriba. ¿Sabe usted lo que quiere? ¿Está seguro de que eso es lo que quiere? ¿Está alguna de estas peticiones en conflicto con alguna otra? ¿Son consistentes con lo que cree que Dios quiere y con la manera en que Dios obra en el mundo?

Después de este examen, traiga sus peticiones a Dios. Ore específicamente, expresando cada petición claramente, creyendo que lo que pide «en su nombre» será concedido. Luego pídale a Dios que le ayude a identificar esa contestación cuando aparezca, como quiera que aparezca.

## *Durante el día*

Ayer sugerimos que durante el día podría anotar cómo su esfuerzo deliberado para amar a otros como Dios lo ha amado mejora su comunión. Espero que haya practicado lo que se recomendó y que continúe haciéndolo hoy. Agréguele esta dimensión: con frecuencia Dios contesta sus oraciones por medio de otras personas y contesta las oraciones de los otros a través de usted. Al prestar atención a sus relaciones hoy, considere el dar afecto como una contestación a las oraciones de la persona a quien usted le está mostrando cariño. Al hacer esto, entra en un compañerismo de oración con Dios; usted practica la oración viviente. Vea si esto hace alguna diferencia en sus relaciones.

# Día Cuatro

*El poder mediante la petición*

No hay tal cosa como una oración no contestada. Jesús nos enseñó que si oramos con fe, Dios sin duda responderá a nuestra oración. Esta postura de Jesús es psicológicamente sana. Considérelo.

1. Todos los deseos tienden a cumplirse si se respaldan con expectación.
2. Nuestros deseos más profundos y nuestros pensamientos habituales crean y controlan las condiciones en las cuales vivimos.
3. Nuestra fe, nuestros propósitos y las metas de nuestra vida nos motivan y nos dan poder.

Hay algo demoniaco así como santo en las posibilidades dinámicas de nuestros deseos. Es cierto que generalmente conseguimos aquello que ansiamos. Por lo tanto, necesitamos recordar siempre que el éxito no consiste en aumentar al máximo nuestro interés propio, sino en vivir en interdependencia como la familia de Dios. Nuestras peticiones entonces no se enfocan en nuestros propios intereses, sino en nuestra profunda necesidad de una comunidad y en las necesidades de toda la humanidad.

Debido al poder inherente del deseo, algunos dicen que la oración es simplemente una autosugestión. El único problema con esa declaración es la palabra *simplemente*. La oración puede ser una autosugestión, pero no *simplemente* una autosugestión. ¿Y qué tiene de malo la autosugestión? Recuerde las palabras de Pablo a los filipenses:

Filipenses 4.6-7:

*Por nada estéis angustiados, sino sean conocidas vuestras peticiones delante de Dios en toda oración y ruego, con acción de gracias. Y la paz de Dios, que sobrepasa todo entendimiento, guardará vuestros corazones y vuestros pensamientos en Cristo Jesús.*

Pablo continuó esa carta con estas palabras del versículo 8:

*Por lo demás, hermanos, todo lo que es verdadero, todo lo honesto, todo lo justo, todo lo puro, todo lo amable, todo lo que es de buen nombre; si hay virtud alguna, si algo digno de alabanza, en esto pensad.*

Aquello que nos proponemos con nuestra mente y nuestro corazón probablemente vendrá a nosotros. Esto hace el ingrediente de la petición en la oración aun más importante. En la oración no tan sólo aumentamos nuestra fe, la esclarecemos. Nuestra manera de pensar puede ser cambiada y nuestros deseos purificados al traerlos a Dios.

Si verdaderamente estamos orando, entonces nuestra razón para traer nuestras peticiones a Dios es estar seguros de la voluntad de Dios y ser dirigidos en sus caminos. La petición nos ayuda a clarificar y declarar nuestros deseos en términos de la voluntad de Dios. Lo que hagamos en la oración, ya sea adorar o alabar, medi-tar, interceder, es en el fondo tratar de comunicarnos con Dios y realizar su voluntad. En la medida en que comprendemos la voluntad de Dios en oración, podemos estar seguros de realizarla en nuestra vida.

La parte más activa y persistente de nuestra naturaleza es nuestros deseos y nuestras aspiraciones. El traer estos deseos y aspiraciones a Dios en oración y consagración es estar tan centrados en Dios como cuando adoramos y meditamos.

Una de las debilidades comunes de nuestra vida de oración es la vaguedad de nuestro enfoque. Tendemos a leer las Escrituras o la literatura de devoción, alabamos a Dios un poco, nos sentimos bien y allí se acaba todo. La petición nos libera de eso. Nos obliga a ser específicos, a ser precisos, a aclarar nuestras necesidades y nues-tros deseos, a buscar conocer nuestros propios pensamientos para dárselos a conocer a Dios.

La oración sería más significativa para nosotros si nuestros momentos de oración llegaran a ser un tiempo para conocer nuestros propios pensamientos—aclarando y especificando nuestras necesidades y nuestros deseos, nuestras esperanzas y nuestros sueños, nuestros problemas y nuestras perplejidades, nuestro pecado y nuestro sufrimiento. Entonces, en la petición, pediríamos la ayuda del siempre presente espíritu y poder de Dios.

Cuando tomo seriamente el asunto, descubro que mis peticiones cambian, ciertamente se modifican al presentárselas a Dios. «La oración siempre cambia nuestras oraciones». Si no sabemos por lo que debemos orar (y la mayoría de nosotros no lo sabemos), debemos pedir la dirección de Dios al orar. Ésta es la más alta petición.

## _Reflexionar y anotar_

Agregar el ingrediente de la petición a nuestra oración, se requiere que esperemos contestaciones. Es fútil, un sacrilegio, pedirle a Dios por algo y no esperar alguna respuesta. Por lo tanto, es una buena idea poner por escrito nuestras peticiones y las contestaciones que Dios nos da.

Regrese al Día Siete de la primera semana de su aventura. Vea los _anhelos/deseos_ de los cuales se le pidió hacer una lista ese día. ¿Qué ha pasado con ellos? ¿Se han realizado? Haga esa lista aquí una vez más con algunas palabras acerca de lo que ha pasado.

Regrese ahora al Día Cinco de la segunda semana de su aventura. En ese día hizo para Dios una lista de tres peticiones intrépidas. Anótelas aquí una vez más con algunas palabras de lo que ha pasado con esas peticiones.

¿Cuán importantes son esas peticiones? Tal vez no recibió algunas de las cosas que pidió. ¿Le está Dios diciendo no? ¿O están las peticiones por cumplirse? ¿Vaciló usted o hizo peticiones en conflicto? Piense acerca de las peticiones que le quiere hacer ahora a Dios. Tal vez querrá repetir las que aparecen arriba o hacer una lista nueva. Examínelas a la luz de la que hemos estado diciendo ayer y hoy acerca de las peticiones. Escriba las peticiones que hizo ayer que no han sido contestadas. Haga una lista de ellas aquí y agregue lo que usted quiera.

## Durante el día

Quizá querrá compartir las peticiones más importantes con alguna amistad, con alguien con quien ha orado antes, tal vez con alguien que comparte esta aventura con usted. Ésta es una buena manera para probar sus peticiones. No puede ser vago si va a compartir con alguien más; debe tener claridad para poder comunicarse. Un/a amigo/a de confianza podrá ayudarle a ver claramente, a tener un propósito firme. Sobre todo, una petición con la cual está alguien más de acuerdo tendrá el enfoque y el poder de la promesa de Jesús: «*Si dos de vosotros se ponen de acuerdo en la tierra de cualquier cosa que pidan, les será hecho por mi Padre que está en los cielos*» (Mateo 18.19).

## DÍA CINCO

*La intercesión: «Convirtiendo el signo de interrogación en un signo de admiración»*

Juan 17.1-3, 9-11, 13-21, 24:

*Estas cosas habló Jesús, y levantando los ojos al cielo, dijo: Padre, la hora ha llegado: glorifica a tu Hijo, para que tu Hijo también te glorifique a ti; pues le has dado potestad sobre toda carne para que dé vida eterna a todos los que le diste. Y ésta es la vida eterna: que te conozcan a ti, el único Dios verdadero, y a Jesucristo, a quien has enviado.*

*Yo ruego por ellos; no ruego por el mundo, sino por los que me diste, porque tuyos son, y todo lo mío es tuyo y lo tuyo es mío; y he sido glorificado en ellos. Ya no estoy en el mundo; pero estos están en el mundo, y yo voy a ti. Padre santo, a los que me has dado, guárdalos en tu nombre, para que sean uno, así como nosotros…Pero ahora vuelvo a ti, y hablo esto en el mundo para que tengan mi gozo completo en sí mismos. Yo les he dado tu palabra, y el mundo los odió porque no son del mundo, como tampoco yo soy del mundo. No ruego que los*

*quites del mundo, sino que los guardes del mal. No son del mundo, como tampoco yo soy del mundo. Santifícalos en tu verdad: tu palabra es verdad. Como tú me enviaste al mundo, así yo los he enviado al mundo. Por ellos yo me santifico a mí mismo, para que también ellos sean santificados en la verdad.*
*Pero no ruego solamente por estos, sino también por los que han de creer em mí por la palabra de ellos, para que todos sean uno; como tú, Padre, en mí y yo en tí, que también ellos sean uno en nosotros, para que el mundo crea que tú me enviaste…Padre, aquellos que me has dado, quiero que donde yo esté, también ellos estén conmigo, para que vean mi gloria que me has dado, pues me has amado desde antes de la fundación del mundo.*

Jesús sabía que la cruz era inminente. Dentro de poco iría al Padre. Hizo algo que reflejó su estilo de vida y ministerio. Prestó atención a los demás. Aquí vemos su amor y su esperanza transferidos a la oración por sus discípulos y por quienes serían sus discípulos.

*Padre, guarda a los hombres que tú me diste por tu poder para que ellos puedan ser uno…para que mi gozo sea cumplido en ellos…no ruego que los quites del mundo sino que los guardes del malo…santifícalos…me consagro por ellos… no sólo ruego por estos hombres sino por todos los que han de creer en mí por su mensaje…quiero que los que me has dado estén conmigo donde yo estoy; quiero que vean la gloria que me diste.(Paráfrasis)*

Jesús oró por los demás tan sencilla y naturalmente como lo hizo por sí mismo. Debe ser lo mismo con nosotros. En un sentido nos parecemos más a Jesús cuando expresamos nuestro amor y nuestra preocupación por los demás al interceder por ellos.

Deténgase aquí por unos minutos para pensar sobre lo que habría significado para los discípulos hace dos mil años que Jesús orara por ellos.

† † †

Piense sobre lo que significa que al orar por sus discípulos y los que habrían de creer por su mensaje, la oración de Jesús ahora lo incluye a usted.

† † †

El Cristo viviente está orando por usted realmente: «*Por eso puede también salvar perpetuamente a los que por él se acercan a Dios, viviendo siempre para interceder por ellos*» (Hebreos 7.25). Considere esto: *Las oraciones de Jesús lo afectan ahora.* Además, *Cristo intercede por usted ahora.* ¿Cómo le afecta esto? Medite en esta verdad por unos minutos.

† † †

No hay interrogantes más grandes en la oración que las que hay acerca de la *intercesión.* Para muchas persoans esto es una gran piedra de tropiezo. A pesar de todas las preguntas y todos los conceptos confusos, el hecho permanece: Es la disposición natural de la oración viviente orar por otros así como oramos por nosotros mismos. Cuando no estamos «irritados» con problemas intelectuales, nos movemos, casi inevitablemente a elevar a Dios nuestras preocupaciones por otras personas.

No es nuestra tarea en este cuaderno tratar con los problemas y las preguntas en torno a la *intercesión.* Se han escrito libros enteros sobre este tema. Ya que ésta es una aventura, un cuaderno, la tarea es aventurarnos en la oración de intercesión. Tal aventura, estoy convencido, cambiará nuestro signo de interrogación en un signo de admiración.

La gente que practica la oración viviente puede acumular testimonio tras testimonio del poder de la intercesión. Es un hecho que ha sido demostrado: si en cualquier comunidad un número de cristianos sinceros se unen en la oración desinteresada por un avivamiento del interés y el compromiso cristiano, ese avivamiento vendrá. El Dr. John R. Mott, líder mundial cristiano de otra generación, confirmó esto en su testimonio: «Por muchos años ha sido mi práctica al viajar por diferentes países hacer un estudio de los orígenes de los movimientos espirituales que están haciendo más para vitalizar y transformar a los individuos y a las comunidades. A veces ha sido difícil descubrir el manantial escondido, pero invariablemente, donde he tenido el tiempo y la paciencia para hacerlo, lo he encontrado en la vida de oración intercesora real».[9]

Pueden acumularse testimonios de las «coincidencias» que ocurren cuando practicamos la intercesión. El Arzobispo William Temple dijo: «Cuando oro, las coincidencias suceden y cuando no lo hago, no suceden».[10] Obviamente éstas no son coincidencias, sino la realización de los «incidentes de Dios».

Aunque «*ahora vemos por un espejo, oscuramente*», nuestra experiencia es evidencia de que algo creativo y poderoso pasa cuando practicamos la oración intercesora. Harry Emerson Fosdick pone la intercesión en su perspectiva más clara:

> Ninguna explicación, por razonable que sea, puede hacer justicia a la *experiencia* de la oración intercesora. Para sentir eso, debemos mirar a la vida. Cuando una madre ora por su hijo descarriado, ninguna palabra puede dar idea de la realidad vívida de sus súplicas. Su amor se derrama en su demanda insistente de que su muchacho no se pierda. Ella está segura de su valor, con el cual ninguna cosa material puede compararse, y de sus posibilidades, de lo cual ninguno de sus pecados la puede hacer dudar jamás. No se da por vencida. Lo sigue a través de su abandono hasta las puertas de la muerte; y si lo pierde a causa de la muerte al misterio más allá, aun sigue orando en secreto, con la intercesión que no se atreverá a pronunciar, que dondequiera que esté en el universo moral, Dios lo reclamará. Al considerar tales experiencias de oración intercesora, [uno] ve que no es sólo resignación a la voluntad de Dios; es una afirmación urgente de un gran deseo. Ella no cree realmente que está persuadiendo a Dios de ser bueno con su hijo, porque el valor en su oración se debe a su fe indudable de que Dios también ha de querer que su hijo sea rescatado de su pecado. Más bien lleva ella en su corazón el mismo peso que Dios tiene…está uniendo su petición con el deseo divino. En este sistema de la vida personal que forma el universo moral, ella está tomando su lugar al lado de Dios en un derrame urgente y creativo de amor sacrificial. Ahora bien, esta madre no sabe y no puede saber lo que está logrando con sus oraciones. Pero sabemos que tales madres salvan a sus hijos cuando todos los demás fracasan. El misterio de la fuerza impelente de la oración es grande, pero la certeza de la influencia de tales oraciones, de una manera u otra, al obrar redención para vidas necesitadas, es más grande

aun. Puede ser…que Dios haya ordenado las leyes de la interrelación humana de tal manera que podamos ayudarnos unos a otros no solo con nuestros hechos, sino también directamente con nuestros pensamientos, y que la oración sincera sea el ejercicio de este poder en sus términos más elevados. Pero haya o no conocido esa teoría, la madre aun sigue orando. Su intercesión es la expresión de su vida; es amor de rodillas».[11]

## Reflexionar y anotar

Examine su experiencia de orar por otros. ¿Ha sido importante en su vida? ¿Cuánto tiempo ha invertido en la intercesión? ¿Cree que su oración por los demás hace alguna diferencia? ¿Qué diferencia? Tome algunas notas al reflexionar en su propia experiencia de la oración intercesora.

¿Qué experiencia ha tenido que confirme el poder de otros orando por usted? Vuelva a leer las palabras de Fosdick acerca de la intercesión.

† † †

## Durante el día

Viva este día consciente del hecho de que las oraciones de Cristo en el pasado lo afectan a usted ahora y que él continuamente intercede por usted. Ore por las personas con quienes tiene contacto hoy, creyendo que sus oraciones son poderosas en la vida de ellos.

# DÍA SEIS

*La intercesión: un ministerio de amor*

El testimonio de la gente que practica la oración viviente es que las cosas que suceden cuando oramos no acontecen cuando no oramos. La gente es sanada, las situaciones cambian, las condiciones son modificadas, las personas encuentran dirección, los avivamientos vienen, aun el curso de las naciones cambia de dirección.

Parece que Dios ha ordenado la vida y el mundo de tal manera que nuestra oración sea una parte vital del plan redentor para los individuos y el universo entero. Mediante la oración intercesora, Dios hace algo que de otra manera no se haría. Hay numerosas facetas de la oración intercesora, algunas de las cuales hemos experimentado, sin duda muchas de las cuales aún no se han descubierto. Hay una dimensión que es parte de la vida a la que necesitamos darle atención ahora en nuestra aventura en la oración viviente. La oración intercesora es un ministerio de amor y cuidado.

Considere las posibilidades para tal ministerio:

1. La intercesión es una identificación de amor. Clarence Jordan, en *Cotton Patch Gospel*, su versión del Nuevo Testamento, traduce 2ª a los Corintios 5.19: *«Dios estaba en Cristo reconciliando consigo al mundo ...»*, de esta manera: «Dios estaba en Cristo abrazando al mundo... ».

Eso es lo que hacemos cuando oramos. Ponemos los brazos alrededor de otra persona, de una situación, de nuestra comunidad—aun del mundo— y lo estrechamos contra nosotros mismos y hacia Dios en amor. De una manera misteriosa que tal vez jamás entenderemos, algo nos pasa y pasa a aquellos por quienes oramos.

2. La oración intercesora abre nuestra mente para escuchar qué más nos quiere decir Dios acerca de cómo podemos ministrar a otros. Cuando oramos por otra persona, estamos centrados en esa persona así como en Dios. Dios puede entonces hablarnos acerca de las necesidades de esa otra persona y cómo podemos ser instrumentos para llenar esa necesidad.

3. La oración intercesora llega a ser la «plataforma de lanzamiento» para nuestro servicio a los demás. La gente dice a menudo: «La oración *sola* no basta». Frank Laubach, el gran practicante de la intercesión, nos recuerda que «la oración que busca hacer la voluntad de Dios no está sola. Estará acompañada de otros acercamientos que Dios puede sugerir. Será acompañada por el servicio, por las consideraciones, por las bondades de toda clase».[12]

4. La oración intercesora se convierte en «la base de poder» para nuestra relación con otros. En mi ministerio encuentro que cuando oro por las personas a quienes estoy aconsejando inmediatamente antes de verlas, la experiencia de consejería es mucho más efectiva que cuando no lo hago. Hubo un período en mi vida cuando no tomaba seria-mente la oración intercesora. Durante ese tiempo me sentía algo frenético y confuso—casi siempre bajo presión para la próxima cita o muy tenso en mi relación con la persona con quien estaba compartiendo. Entonces comencé a practicar la oración intercesora, siempre reservando tiempo entre citas para orar por la persona a quien estaría asesorando. Fue revolucionario para mí. Estaba más relajado al relacionarme con otras personas, con mayor claridad en mi percepción, con mi atención enfocada—pero aun más, algo sucedía en las personas por quienes oraba. Estaban más relajadas, eran más francas y honestas al compartir, más receptivas a mí y lo que tenía que ofrecer, dispuestas a aceptar mi falta de habilidad y, a veces, mi indisposición para ofrecer algún consejo.

La oración intercesora era la «base del poder» para mis relaciones. Esto puede transferirse a cada área de la vida. Estamos autorizados a servir a otros y podemos servir con mayor perspicacia y eficiencia cuando oramos por aquellos que buscamos servir.

5. La oración intercesora es invertirnos a nosotros mismos en el diseño de Dios para su reino entre la gente y las naciones. Frank Laubach hizo un llamado para un «ejército de oración» de diez millones de personas que «comenzarían a orar hasta que nuestra mente estuviera en armonía perfecta con la voluntad de Dios... lo cual logrará el balance y la salvación del mundo». Él llamó esto una «guerra de asombrosa bondad». ¡Aun estamos por ver qué podría suceder si tal ejército se levantara!

El orar por las gentes lo llevará a amarlas. El amarlas lo llevará a servirlas. El servirlas será la puerta abierta a través de la cual Dios puede entrar a salvar, sanar y dar plenitud.

El ministerio de la intercesión es muy exigente. El tomar en serio la intercesión significa estar listos para entregarnos por los demás. Ésta puede ser la razón por la cual no tomamos en serio la intercesión. Aquí la tenemos en su más profundo nivel.

Éxodo 32.30-32:

*Aconteció que al día siguiente dijo Moisés al pueblo: «Vosotros habéis cometido un gran pecado, pero yo subiré ahora a Jehová; quizá le aplacaré acerca de vuestro pecado». Entonces volvió Moisés ante Jehová y le dijo: «Puesto que este pueblo ha cometido un gran pecado al hacerse dioses de oro, te ruego que perdones ahora su pecado, y si no, bórrame del libro que has escrito».*

Es casi lo máximo que uno puede pedir en la oración, ¿no es verdad?... la disposición de ser «borrados» por otros.

Oímos a Jesús decir cosas tales como:

Lucas 22.28-32:

*Y vosotros sois los que habéis permanecido conmigo en mis pruebas. Yo, pues, os asigno un Reino, como mi Padre me lo asignó a mí, para que comáis y bebáis a mi mesa en mi Reino y os sentéis en tronos para juzgar a las doce tribus de Israel.*
*Dijo también el Señor: «Simón, Simón, Satanás os ha pedido para zarandearos como a trigo; pero yo he rogado por ti, para que tu fe no falte; y tú, una vez vuelto, confirma a tus hermanos».*

Imagínese la profundidad y el omiso intenso de oración intensa de Jesús por Pedro (Simón). Jesús lloró por la ciudad:

Lucas 13.34:

*¡Jerusalén, Jerusalén... ! ¡Cuántas veces quise juntar a tus hijos, como la gallina a sus polluelos debajo de sus alas, pero no quisiste!*

¿Hay alguna causa con la cual estamos tan comprometidos que evoca esta clase de angustia? La oración intercesora no es fácil. Demanda la inversión no sólo de nuestra energía en la oración, sino la totalidad de nuestra vida. Cuando oramos sincera y seriamente por otros, nos volvemos desinteresados. La bendición de la otra persona o la situación por la cual estamos orando llega a ser nuestro deseo dominante. Esto limpia el canal por el cual nos movemos al servir o por el cual Dios se mueve directamente. Dedicamos nuestro ser entero a otras personas y causas grandes. Nos aliamos con Dios a causa de las personas que estimamos y los propósitos que servimos.

Nuestro compromiso con la oración intercesora probablemente no espera ninguna explicación de cómo trabaja, sino un amor y una pasión lo suficientemente grande que nos impulse a ello.

## Reflexionar y anotar

Recuerde la ocasión (persona, situación, experiencia) en la cual usted invirtió la mayor energía en la oración intercesora. Anótela aquí.

1. ¿Cuál fue el resultado de esa situación? ¿Qué cambios se efectuaron en usted? Anote sus respuestas en seguida.

2. ¿Ha orado por alguien o por alguna situación en que fue dirigido a hacer algo *usted mismo/a* como respuesta? Nombre una o dos situaciones en que fue dirigido a hacer algo.

3. ¿Hay alguna persona o algunas personas o situaciones acerca de quienes o acerca de las cuales está *profundamente* preocupado hoy? Nombre dos o tres.

¿Está suficientemente preocupado como para orar todos los días por estas personas o situaciones? Si es así, ésta formará su lista de oración. Tal vez querrá poner estos nombres o situaciones en una tarjeta o en un corto pedazo de papel para poder llevarlo consigo mismo/a de modo que pueda verla varias veces durante el día para orar por ellas. Comprométase a recordarlas en oración diariamente por el resto de esta aventura en la oración viviente.

## Durante el día

Si hizo una lista de sus preocupaciones, llévelas consigo. Vea cuántas veces hoy tiene la oportunidad de orar por las personas o las situaciones de las cuales hizo una lista debajo de la pregunta 3.

# DÍA SIETE

*Siga un modelo hasta que ya no necesite un modelo*

En el primer día de esta fase de nuestra aventura hablamos acerca del lugar de la adoración y la alabanza en nuestro orar. Tal vez ha memorizado uno de los salmos que se imprimieron allí o alguno otro de sus favoritos. Si es así, repítalo lentamente al comenzar este período hoy. Si no lo ha hecho, lea éste lentamente, dejando que las palabras se filtren por todo su ser.

Salmo 46.1-5, 10-11:

> *Dios es nuestro amparo y fortaleza,*
> *nuestro pronto auxilio en las tribulaciones.*
> *Por tanto, no temeremos, aunque la tierra sea removida*
> *y se traspasen los montes al corazón del mar;*
> *aunque bramen y se turben sus aguas,*
> *y tiemblen los montes a causa de su braveza.*
> *Del río sus corrientes alegran la ciudad de Dios,*
> *el santuario de las moradas del Altísimo.*
> *Dios está en medio de ella; no será conmovida.*
> *Dios la ayudará al clarear la mañana.*
> *«Estad quietos y conoced que yo soy Dios;*
> *seré exaltado entre las naciones; enaltecido seré en la tierra».*
> *¡Jehová de los ejércitos está con nosotros!*
> *¡Nuestro refugio es el Dios de Jacob!*

Ahora, esté tan tranquilo y quieto como pueda. Borre de su mente cualquier pensamiento que tenga acerca de lo que tiene que hacer más tarde. Esté tan consciente de Dios como sea posible. Crea que Dios está tan cerca como el aire que respira. Quizá usted necesita pensar en algunas imágenes de Dios, haciendo afirmaciones como éstas:

1. Dios es luz y en Dios no hay tinieblas.
2. Dios es amor —y Dios amó al mundo de tal manera ¡qué dio a su Hijo!
3. Dios no está lejos de ninguno de nosotros, porque en Dios vivimos y nos movemos y somos.

Cuando haya llegado a estar tan consciente de Dios como le sea posible, preséntele los nombres y las situaciones que puso en una lista ayer como preocupaciones profundas para la oración. Sólo haga esto. Presente a cada persona o situación, una por una, ante la presencia de Dios. Pase cinco minutos haciendo esto. Para cultivar su conocimiento de Dios tal vez querrá comenzar de nuevo con el Salmo 46.1-5, 10-11 seguido de las afirmaciones acerca de Dios. Después, presente a las personas y situaciones. Pase cinco minutos haciendo esto.

† † †

El ejercicio que acaba de completar es la manera como practico la oración intercesora. Muchas veces comenzamos a orar por personas o situaciones—pidiéndole a Dios que bendiga, cambie, intervenga o que haga algo que creemos que Dios debe hacer— sin estar conscientes de la presencia de Dios en nuestra vida. Dos ingredientes importantes de la oración intercesora se encuentran en el ejercicio precedente: (a) estar cons-cientes de Dios con nosotros; (b) el pensar o el orar centrado o enfocado a favor de otras personas o situaciones. Estos ingredientes son necesarios para que el poder sea efectivo en nuestra vida y, por medio de nosotros, para otros. También son necesarios para que nosotros lleguemos a ser recipientes transparentes de cualquier mensaje que Dios quiera darnos acerca del tema de nuestras oraciones.

Ahora vamos a nuestra preocupación principal hoy: para cultivar una vida de oración viviente, la mayoría de nosotros necesitamos seguir algún modelo de oración hasta que no sea necesario ningún modelo. Muchos de nuestros períodos de oración no son efectivos porque no podemos continuar usando los modelos o centrarnos o enfocarnos. No seguimos una dirección clara. La oración necesita dirección. Ésta es la disciplina creativa que buscamos cultivar dentro de nuestras tendencias naturales pero esporádicas para orar.

Cada persona tiene que encontrar su propio modelo y eso es lo que la práctica hará por nosotros. Aquí tenemos dos modelos comunes—uno para la mañana y otro para el atardecer o el anochecer—con los cuales puede experimentar hasta encontrar un estilo más efectivo.

## Por la mañana

Es vitalmente importante que temprano por la mañana busquemos la fuerza y la dirección de Dios. Aun la persona más ocupada puede encontrar tiempo para esto.

Al despertar vuelva sus pensamientos inmediatamente a Dios. Repita en voz baja o aun en voz alta: «*Éste es el día que hizo Jehová; nos gozaremos y alegraremos en él*» o «*Bendice, alma mía, a Jehová, y bendiga todo mi ser su santo nombre*». O repita una estrofa de algún himno o poema que sea especialmente significativo para usted. Luego, cuando pueda acomodarse en el cuarto o lugar solitario al cual nos dijo Jesús que fuéramos, este plan sugerido por W.E. Sangster que ha ayudado a muchos, le puede ayudar a usted.

*Adoración*. Piense acerca de la grandeza de Dios, el hecho increíble de que Dios lo está escuchando y que va a contestar. Ofrezca alabanzas a Dios por lo que Dios es. «*Santificado sea tu nombre*».

*Acción de gracias*: «Cuente sus muchas bendiciones, nómbrelas una por una — entonces le sorprenderá lo que el Señor ha hecho». Salud, hogar, amor, trabajo, amistades, diversión, familia. Aun los que padecen de mala salud o de infortunios pueden encontrar algo por lo cual expresar gratitud a Dios.

*Dedicación*: Aunque ha dedicado su vida entera a Dios, cada día debe ser la ocasión para renovar esa dedicación a Él.

*Dirección*: Busque la dirección de Dios para el día. Trate de prever cómo será el día, qué es lo que va a hacer, a quiénes verá. Piense acerca de cómo serán las cosas — cada cosa, cada persona —porque Dios está con usted. Trate de comprender aquello a lo cual Dios lo está llamando, no sólo lo que ha hecho en el pasado.

*Intercesión*: Ore por otros. Una lista de oración le ayudará a mantenerse fiel. Esto es tan importante que no nos atrevemos a ser indiferentes al asunto.

*Petición*: Hemos considerado el lugar de la petición en la oración. Jesús nos ha dado promesas que debemos aceptar y sobre las cuales debemos actuar. Haga sus peticiones en el espíritu de querer hacer la voluntad de Dios y descubrir su dirección para la vida.

*Meditación*: Es bueno pasar unos cuantos minutos al terminar su período de oración pensando o meditando sobre alguna verdad o percepción o experiencia, entregando su mente a Dios para que sus pensamientos sean a la manera de Dios.

## Por la tarde o por la noche

Así como es importante comenzar el día con Dios, igualmente lo es el terminarlo con Él. Mucha gente hace sus oraciones por la noche, pero no hay mucho enfoque y generalmente hay mucha petición o un general «bendice a _____ y a _____ y a _____». La oración en el atardecer o anochecer puede estar tan enfocada como la de la mañana. El siguiente modelo puede ayudarle.

*Adoración*: Enfóquese en Dios otra vez ofreciendo palabras de alabanza.

*Confesión*: Repase lo que ha pasado durante el día, examine su vida, haga su confesión por el fracaso, la pretensión, la exageración, la falta de amor, la deshonestidad, la insensibilidad o la superficialidad en sus relaciones. No sólo pídale a Dios que le perdone su pecado. Sea específico/a al ver la vida como la ha vivido durante el día. Acepte el perdón de Dios. Si hay una oportunidad para la restitución, alguna acción necesaria para que usted se reconcilie con alguien, haga planes para lograr la reconciliación o la restitución lo más pronto posible.

*Total gratitud*: Al repasar el día descubrirá muchas cosas por las cuales estar agradecido.

*Atención*: Si está atento/a a la obra de Dios, podrá en muchas tardes o noches dar gracias a Dios por contestar la oración que hizo esa mañana.

*Súplica*: Ésta es una palabra anticuada que puede tener poco significado para usted. Es como *intercesión*. Es una combinación de intercesión y petición —un tipo de meditación, el acto de recordar personas y situaciones acerca de las cuales tiene preocupaciones. El presentarlas en amor y preocupación es un ofrecimiento de ellas y de usted mismo a Dios.

(Este modelo de oración vespertina es fácil para recordar porque las primeras letras de cada movimiento deletrean ACTAS. Las ACTAS de la oración matutina son Adoración, Confesión, Total gratitud, Atención, Súplica.)

Tal vez tendrá que adaptar estos modelos a su propio horario. Si, por ejemplo, pasa más tiempo en la oración en la mañana, tal vez querrá incluir la dimensión importante de la confesión a esa hora, repasando sus reacciones a otras personas durante el día anterior.

Una vez más, recuerde que ningún plan vale a menos que ayude a hacer de la oración una experiencia *viviente*. La oración funciona cuando experimentamos la comunión con Dios. Trace un plan que funcione para usted.

## Reflexionar y anotar

Si está haciendo este ejercicio en la mañana, siga adelante con el plan sugerido para la oración matutina. Pase por cada movimiento a su manera.

Si es de tarde o de noche, siga los movimientos de la oración vespertina a su manera.

En este espacio anote brevemente sus sentimientos acerca de seguir un plan que lo guíe en la oración.

## Durante el día

Si no ha hecho una lista de oración todavía, tal vez ya esté listo para hacerla. Anote los nombres o las situaciones que quiere presentar en sus oraciones hoy. Recuérdelas tan seguido como sea posible.

## ____ Reunión de grupo para la Semana Cuatro ____

## Introducción

Una falla en nuestra oración es la de no estar conscientes de lo que está pasando como resultado de nuestro orar. Este descuido sucede a dos niveles. Uno, hay respuestas obvias a la oración que pasan desapercibidas. Dos, nos concentramos tanto en encontrar contestaciones dramáticas, que dejamos de ver los cambios sutiles y profundos de corazón y mente que están aconteciendo dentro de nosotros.

El vivir en amistad y compañerismo con Dios, el cooperar con el Espíritu de Dios, el vivir una vida parecida a la de Cristo en el mundo—que es la meta de la oración—requiere un esfuerzo consciente de parte nuestra. Un enfoque principal de este esfuerzo es el desarrollo de nuestra sensibilidad. Los ingredientes básicos de la oración que usted ha estado considerando esta semana nos hacen más sensibles.

El compartir con otros también ayuda en el desarrollo de la sensibilidad. Necesitamos grupos como éste para capacitarnos en nuestro compartir, pero también necesitamos ser más intencionales en compartir con personas que no forman parte de nuestro grupo. Muchas personas se interesan en orar por el testimonio de personas que están descubriendo significado en la oración. Nuestra experiencia de la oración se profundiza y se expande cuando pensamos tan seriamente sobre esto como para descubrir qué significado realmente tiene para nosotros—y para compartir ese significado con otros.

## Compartir juntos

1. Al comenzar esta sesión, escoja a una persona para leer algunas selecciones de los Salmos mencionados en el Día Uno de esta semana; luego cante una o dos estrofas de un himno que todos conozcan.

2. Permita que cada persona del grupo indique los ingredientes básicos de la oración con los cuales ha tenido la mayor dificultad y por qué.

3. El Día Cuatro de esta semana se le pidió que reflexionara acerca de lo que había pasado con algunas necesidades, deseos y peticiones que había anotado la primera y la segunda semanas de la aventura. Comparta algunos resultados significativos de esa reflexión. ¿Fue contestada alguna oración? ¿Cómo? ¿Cambió de parecer acerca de alguna necesidad o petición? ¿Ha habido «resultados» que dejó de notar?

4. Muchos han tenido experiencias significativas cuando oraron por usted. Si ha tenido tal experiencia, compártala con el grupo.

5. El Día Seis se consideraron las posibilidades de que la oración intercesora fuera un ministerio de amor. ¿Qué nuevas percepciones de la oración intercesora adquirió? ¿Qué compromiso hizo que quisiera compartir con el grupo?

6. Discuta la posibilidad de una lista de oración del grupo por la cual va a interceder (individualmente o como grupo) durante el resto de esta aventura. Si decide hacer esta lista, comparta sus preocupaciones y seleccione no más de tres o cuatro de la lista. (Es importante que considere preocupaciones fuera del grupo así como dentro del grupo.) Nuestra energía para orar tiene un límite. Cada semana haga un repaso de su lista y tache y agregue según las necesidades y preocupaciones.

## *Para orar juntos*

La mayoría de nosotros conoce el poder de la sensación tactil. Un jugador de fútbol da un palmetazo en la mano de un compañero de equipo. Un amigo pone un brazo alrededor de nuestro hombro al estar al pie de la tumba de un ser querido. Un niño o una niña nos abraza para darnos una alegre bienvenida a casa. Nuestro marido o nuestra esposa toma nuestra mano calladamente y la detiene afectuosamente o la toca sólo ligeramente en un momento en el cual necesitamos afirmación. Un apretón de mano o un abrazo al despedirnos se recuerda mucho después de que se olvidan las palabras.

Jesús puso a los niños en sus rodillas para bendecirlos. A veces tocaba a la gente para sanarla. En oración, también, el toque humano a veces es importante. No debemos vacilar en tomar la mano de una persona al orar por ella. Es un misterio, pero de alguna manera el poder—aun el poder de Dios—se transmite de persona a persona por el toque físico.

Sea sensible a su grupo y en sus relaciones personales al posible poder inherente del toque humano. Puede haber ocasiones en su grupo, por ejemplo, cuando se le pregunte a una persona si permite que se impongan las manos al orar por ellas. Han ocurrido milagros a través de grupos que se reúnen alrededor de una persona y poniendo sus manos amorosas, oran por ella.

1. Si ha hecho una lista de oración del grupo, comience este tiempo de oración juntos concentrándose como grupo en oración por estas personas y necesidades. Quizá querrá usar el ejercicio sugerido en la sección de hoy en el cuaderno como una manera de centrarse en estas necesidades.

2. Anteriormente en su reunión, a las personas se les pidió que compartieran los ingredientes de la oración con los cuales estaban teniendo más dificultad. También,

algunos habrán hecho un compromiso con un ministerio de oración intercesora. Después de considerar las necesidades expresadas, tenga un tiempo de oración. Clausure su reunión poniéndose de pie y con los brazos alrededor el uno del otro, forme un círculo.

a. Durante dos o tres minutos de silencio, mire a las personas en su grupo y reflexione acerca de lo que está pasando en su vida y en la vida de los demás.

b. Después de este tiempo de silencio, deje que cada persona exprese espontáneamente en una sola palabra (gozo, frustración, esperanza, necesidad) lo que él o ella está sintiendo en ese momento.

c. Termine cantando la primera estrofa de «Sagrado es el amor» o «Somos uno en espíritu».

# SEMANA CINCO

Orad
sin
cesar

# INTRODUCCIÓN
Semana Cinco

## EL DIOS A QUIEN ORAMOS

Cuando se me pide que ofrezca un seminario o cualquier clase de evento educacional relacionado a la oración, no importa cuánto tiempo tenga—ya sea mucho o poco—siempre me aseguro de hablar un poco del Dios a quien oramos. Creo que es absolutamente esencial comenzar en este punto porque creo que la oración comienza con Dios. La oración no es idea mía; es idea de Dios.

Cuando sabemos eso, podemos desechar toda la fatiga y la tensión de tratar de conseguir la atención de Dios esperando que nos oiga, luchando para decir las palabras apropiadas para que Dios pueda aceptar lo que decimos.

Toda la creación, especialmente la creación de la humanidad, es una expresión del amor y la gracia de Dios. Dionisio el areopagita, un teólogo místico del siglo cuarto, argumentaba que Dios nos creó porque anhelaba amarnos.

Muchos conocemos las famosas palabras de Agustín: «Para tí fuimos hechos, oh Dios, y nuestros corazones están inquietos hasta que encuentren su descanso en ti».

Piense en esto: ¿será verdad, por otra parte, que Dios está inquieto, anhelando, ansiando estar en relación con nosotros? Debido a la naturaleza primordial del Dios de amor, Dios nos creó como personas libres, con capacidad para recibir o resistir su gracia. Sin embargo, por encima de todo está el movimiento de Dios hacia nosotros.

Usted lo encuentra en las Escrituras. La historia cristiana asentada tanto en las Escrituras hebreas como en el Nuevo Testamento, no es la historia de los seres humanos buscando a Dios—es la historia de Dios buscándonos a nosotros.

Así que la oración es idea de Dios. La oración comienza con Dios. Eso quiere decir que siempre necesitamos recordar al Dios a quien oramos. Quiero ofrecer tres afirmaciones sencillas, pero todas profundamente pertinentes a la oración.

Primero, a Dios le importa lo que le pasa a usted. Creo eso con todo mi corazón y espero que usted se esforzará por creerlo. Sé que no todas las señales indicarán eso. A veces nuestra vida se hace pedazos y ni siquiera estamos seguros de que hay un Dios, mucho menos que le importas. Necesitamos recordar que Dios no es responsable por lo que nos sucede. Existe el pecado, la maldad y la libertad humana (los cuales están todos relacionados) que causan gran parte del caos, la confusión y las contradicciones, así como el dolor y el sufrimiento en nuestra vida. Como se sugirió anteriormente, necesitamos recordar que la vida no es Dios—y aunque la vida no es justa, Dios es bueno.

Segundo, Dios lo escucha cuando ora. ¿Hay algo más importante que esto?

Como cristianos, cuando buscamos la imagen más clara de cómo es Dios, miramos a Jesús. Una de las dimensiones más características de la vida y el ministerio de Jesús era la atención que daba a la gente a su alrededor. Escuchó a Bartimeo cuando clamó desde el camino; Jesús sintió el toque de la mujer que había tenido una hemorragia durante doce años cuando se le acercó de entre la multitud y tocó el borde de su manto. Vio a Zaqueo arriba del sicómoro. Escuchó al leproso que vino a él y le dijo: «*Si quieres, puedes limpiarme*». Unas de las palabras más tiernas de las Escrituras son las de la respuesta de Jesús a aquel leproso. Una traducción es: «*Por supuesto que quiero ser sanado*». Si Dios es como Jesús, entonces podemos saber que Dios nos escucha cuando oramos.

Luego tenemos esta tercera afirmación: Dios contesta. Así como estamos seguros de que hablamos con Dios, lo buscamos o buscamos estar relacionados con Él, también sabemos que Dios responde.

Hay una palabra maravillosa del Señor asentada por el profeta Isaías, que habla acerca de este asunto. «*Antes que clamen, yo responderé; mientras aún estén hablando, yo habré oído*». (Isaías 65.24). Qué palabra tan extravagante—Dios oye y Dios contesta. Aun antes de que la mujer que tenía el flujo de sangre dijera algo, al tocar con fe el borde del manto de Jesús, él respondió. Aun antes de que ella hablara, Jesús escuchó.

El recordar estas tres afirmaciones no tan sólo nos anima a orar, sino que nos ayuda a dar forma a nuestro orar.

## DÍA UNO

*«Día tras día tras día tras día».*

En cada edad, expresamos en la música nuestras experiencias más profundas. La música es una parte importante de nuestra adoración. Cuando no podemos comunicar la profundidad y la anchura de nuestros sentimientos, les ponemos música. Los himnos (salmos) son recursos ricos para la oración viviente.

Millones de gentes han aprendido una oración antigua por medio de una canción nueva. La melodía popular en Godspell «Día tras día» repite las palabras de una oración de Ricardo de Chichester, quien murió en 1255. Él oró:

> Gracias sean dadas a ti, mi Señor Jesucristo, por todos los beneficios y bendiciones que me has dado, por todos los dolores e insultos que has llevado por mí. Oh Amigo muy misericordioso, Hermano y Redentor, permite que te conozca con más claridad, que te ame más profundamente y que te siga más de cerca.

Así que hoy cantamos estas palabras con música popular:

> Día tras día, amado Señor, tres cosas te pido:
> verte más claramente,
> amarte más profundamente,
> seguirte más de cerca,
> día tras día, tras día, tras día.

Si sabe la tonada de esta canción, deténgase ahora y cántela en voz alta —cuando menos taráreela al pensar en el significado de las palabras. Si no sabe la tonada, haga suya la oración al orarla en voz alta.

† † †

Ahora deténgase y grabe firmemente en su mente las palabras de la versión moderna. Pablo le dio un consejo a los tesalonicenses que nos sirve a nosotros hoy.

1ª a los Tesalonicenses 5.13-18:

*Tened paz entre vosotros. También os rogamos, hermanos, que amonestéis a los ociosos, que alentéis a los de poco ánimo, que sostengáis a los débiles, que seáis pacientes para con todos. Mirad que ninguno pague a otro mal por mal; antes seguid siempre lo bueno unos para con otros y para con todos. Estad siempre gozosos. Orad sin cesar. Dad gracias en todo, porque ésta es la voluntad de Dios para con vosotros en Cristo Jesús.*

«Estad siempre gozosos, orad sin cesar, dad gracias en todo...». Es una orden difícil de cumplir, pero ¿qué diferencia hace en nuestra vida, aun el intentarla?

Obviamente esto no quiere decir que tenemos que pasar nuestra vida en cultos de oración. Pero sí quiere decir que la oración se convierte en oración viviente cuando oramos con toda nuestra vida en lugar de simplemente decir nuestras oraciones. Nuestra meta es una vida de oración.

No nos encontramos por casualidad con tal vida de oración. Viene del deseo profundo de ver a Dios más claramente, de amar a Dios más profundamente y de seguir a Dios más de cerca. Éste es el propósito de esta aventura.

Deliberadamente hemos rehusado dar una definición de la oración, porque la oración no puede definirse en unas cuantas frases bonitas. Amontonamos palabras sobre palabras buscando definir este movimiento del individuo hacia Dios y de Dios hacia el individuo, pero algo falta aún. El corazón de la oración es la comunió—«el elevar la mente y el corazón a Dios». No importa la técnica, el método o el plan que usemos, la dinámica es la comunión con Dios. La meta de la oración es una vida de amistad y compañerismo con Dios, cooperación con el espíritu de Dios, viviendo la vida de Dios en el mundo. Eso es lo que quiero decir por oración viviente.

Tenemos que ser intencionales acerca de buscar conscientemente relacionar toda la vida a Dios. ¿Cómo hacemos eso? Ya hemos comenzado. Las sugerencias bajo «Durante el día» se han dirigido hacia este fin. Ahora queremos pasar toda una semana deliberadamente enfocándonos en la admonición de Pablo de orar sin cesar.

Creo que conscientemente podemos relacionar toda la vida a Dios sólo cuando nos proponemos pasar tiempo deliberado y enfocado con Dios en un período específico de oración. Para la mayoría de la gente, creo que este tiempo debe ser al principio del día. Nuestra mente está despejada, el trabajo nos espera, es un día nuevo. La vida ha sido pasiva mientras dormíamos; ahora la vida es activa—necesitamos reunirnos deliberadamente con Dios para caminar con Él de una manera efectiva. Creo que la mayoría de nosotros necesitaremos ese período de quince a treinta minutos en alguna ocasión, en la cual tomamos el consejo de Jesús y entramos en «nuestro aposento secreto» para estar a solas con Dios. Usted ha estado practicando eso durante las últimas cuatro semanas y estoy seguro de que ha hecho una diferencia en su vida.

## Reflexionar y anotar

Regrese a las guías para la oración que se le dieron ayer. Tome la guía que se adapta a su situación actual—por la mañana, por la noche o en cualquier otra combinación—y ore según esa guía. Sencilla y brevemente, en sus propias palabras, sin tratar de ser formal, ore según una de esas guías. Tome su tiempo al hacer esto.

Ahora, en el siguiente espacio, trate de escribir brevemente la oración que acaba de orar.

## Durante el día

¿Puede repetir la oración «Día tras día» sin referirse a las palabras? Si no puede, repásela nuevamente. Estas palabras están impresas en la página 157 para que las lleve consigo durante el día. Cuando se sienta movido a pensar en ellas, órelas. Quizá querrá cantarlas, tararearlas o repetirlas en voz baja.

# DÍA DOS

*Deje que las interrupciones lo llamen a la oración.*

Debemos ser intencionales acerca de buscar conscientemente relacionar toda la vida a Dios. Esto requiere disciplina. Aquí tenemos un principio. Seleccione algunas interrupciones regulares en su vida cotidiana: al detenerse ante un semáforo rojo, al esperar por una cita, al hacer cola en una tienda para pagarle a la cajera, al esperar el tren o el autobús, al llenar con gasolina el tanque de su automóvil—interrupciones regulares que son parte de su vida.

Decida ahora que durante estas interrupciones usted va a orar la oración «Día tras día». Grábela sólidamente en su mente ahora, porque querrá recordarla espontáneamente.

Día tras día, amado Señor, tres cosas te pido:
verte más claramente,
amarte más profundamente,
seguirte más de cerca,
día tras día, tras día, tras día.

Lo que quiere fijar firmemente en su memoria son esas tres peticiones; verte más claramente, amarte más profundamente, seguirte más de cerca.

Según el tiempo que tenga disponible, usted puede acercarse a sus momentos de oración de muchas maneras. Haga las tres peticiones seriamente:

Oh Señor, quiero verte más claramente, amarte más profundamente y seguirte más de cerca.

O quizá querrá tomar las peticiones una por una—en la sucesión de sus interrupciones. Medite en lo que significa ver al Señor más claramente. Luego en la próxima interrupción vuelva su mente al deseo de amar a Cristo más profundamente. Y después, ¿qué significaría en su vida seguirle más de cerca? Use las interrupciones para orar esta oración de modo que al volver su atención a la situación en que se encuentre, esté más en contacto con las posibilidades de Dios a ese respecto para su vida—su relación con el asistente de la gasolinera, la cajera, aun el ambiente a su alrededor al ir manejando.

Deje esta manera de pensar por ahora y preste atención a una dimensión de la oración que Jesús enseñó.

Lucas 18.1-8:

*También les refirió Jesús una parábola sobre la necesidad de orar siempre y no desmayar, diciendo: «Había en una ciudad un juez que ni temía a Dios ni respetaba a hombre. Había también en aquella ciudad una viuda, la cual venía a él diciendo: 'Hazme justicia de mi adversario'. Él no quiso por algún tiempo; pero después de esto dijo dentro de sí: 'Aunque ni temo a Dios ni tengo respeto a hombre, sin embargo, porque esta viuda me es molesta, le haré justicia, no sea que viniendo de continuo me agote la paciencia'. Y dijo el Señor: «Oíd lo que dijo el juez injusto. ¿Y acaso Dios no hará justicia a sus escogidos, que claman a él día y noche? ¿Se tardará en responderles? Os digo que pronto les hará justicia. Pero cuando venga el Hijo del Hombre, ¿hallará fe en la tierra?»*

Lucas 11.11-13:

*¿Qué padre de vosotros, si su hijo le pide pan, le dará una piedra? ¿O si le pide pescado, en lugar de pescado le dará serpiente? ¿O si le pide un huevo, le dará un escorpión? Pues si vosotros, siendo malos, sabéis dar buenas dádivas a vuestros hijos, ¿cuánto más vuestro Padre celestial dará el Espíritu Santo a los que se lo pidan?*

## *Reflexionar y anotar*

Vuelva a leer la Escritura. Cuando lo haya hecho, escriba cualquier cosa que venga a su mente en respuesta a la lectura. Permita que estos sean pensamientos y notas al azar. No trate de organizarlos o ser sistemático. Sólo escriba lo que le venga a la mente en respuesta a esta Escritura: palabras, preguntas, frases, cualquier cosa.

Concluya su tiempo hoy regresando a la guía para la oración matutina y vespertina. Use la que mejor se acomode a su horario actual y ore lo que guste, siguiendo la guía. Use el tiempo que sea necesario para esto.

## Durante el día

¿Qué interrupciones regulares experimentará hoy—esperando una cita o por el autobús o haciendo cola en una tienda o en la gasolinera? Piense acerca del día que le espera. ¿Qué interrupciones regulares espera hoy? Haga una lista de ellas a continuación.

Determine ahora usar estas interrupciones conscientemente para relacionar su vida a Dios—y mediante Dios, regresar a su actual situación—usando la oración «Día tras día». Tal vez querrá repasar la manera cómo puede usar las interrupciones y la oración misma.

## DÍA TRES

*Deje que las situaciones lo llamen a la oración.*

Lea nuevamente Lucas 18.1-8, el cual se encuentra impreso en su cuaderno.
† † †

Ahora pregúntese:

1. ¿Cuáles son los elementos esenciales de lo que se dice allí? Toda lectura es una interpretación de lo que está escrito, pero trate de descubrir lo que la Escritura misma quiere decir; trate de escuchar lo que se dice y no lo que usted quiere que diga. Anote eso aquí.

2. ¿Qué significa esta Escritura para usted? ¿Qué le está tratando de decir Jesús en este pasaje? Aquí tratará usted de dar su propia interpretación para descubrir el significado de estas palabras en su situación actual. Escriba ese significado aquí.

3. Si usted decidiera hacer algo en cuanto al mensaje de este pasaje de la Escritura, ¿qué implicaría eso? ¿Cambiarían algunas cosas en su vida? ¿Qué cambios habría? Si tomara esta palabra de Jesús como una palabra dirigida a usted, ¿qué tendría que hacer? Escriba su respuesta en seguida.

Ahora comparta lo que ha escrito acerca de la Escritura hoy y lo que escribió en su respuesta al azar a ella ayer. Éstas son dos maneras de leer la Escritura provechosamente. Ambas maneras pueden tener verdadero significado para su vida.

A través de esta aventura, la Escritura ha sido una parte vital de nuestra experiencia cotidiana. Esto ha sido deliberado. Es mi contención que para tener una vida vital de oración, es esencial vivir con la Escritura. Ésta es una de las maneras principales de descubrir a Dios, de comunicarse con Dios y de encontrar la voluntad de Dios. En las Escrituras del Nuevo Testamento, Cristo cobra vida para nosotros, y llegamos a conocer a Dios a través de Cristo. Vamos a dedicar más tiempo a esto la próxima semana, pero vamos a comenzar el proceso ahora al considerar esta Escritura que tiene que ver con el énfasis de esta semana.

Esta parábola de Jesús, «el juez injusto», tiene una parábola paralela —«la parábola del amigo a medianoche» (Lucas 11.5-13). Ambas enseñan lo que se llama *la importunidad* o *la perseverancia* en la oración. Esta perseverancia quiere decir permanecer fiel y seguir confiando hasta el fin del tiempo. «*Cuando venga el Hijo del Hombre, ¿hallará fe en la tierra*»? (Lucas 18.8). Dios no es como el amigo renuente o el juez injusto. Dios es como un padre amoroso. El punto principal de las parábolas es que hay momentos en nuestra vida de oración cuando sencillamente tenemos que seguir orando. El hombre a medianoche estaba preparado para seguir llamando hasta que el amigo se saliera de la cama y le concediera su petición. La viuda estaba dispuesta a seguir implorándole al juez injusto hasta que fuera vindicada. Dios no es ni como el amigo a medianoche ni como el juez injusto, porque Dios no retiene las dádivas con renuencia. Con todo, Dios no puede dar todas las dádivas en todas las ocasiones. Nuestra persistencia en la oración no es molestar con insistencia a Dios acerca de nuestras peticiones sin contestar, sino fijar toda nuestra confianza y seguridad en que Dios está a cargo de nuestro futuro y lo que ha de venir.

Vamos a volver a este punto más tarde. Por ahora, vea esta dimensión de la oración como parte de la tarea de edificar una vida de oración, de orar sin cesar.

Cambie de dirección ahora. Aquí tenemos el punto que hemos tratado de remachar. Tenemos que ser intencionales al buscar conscientemente relacionar toda la vida a Dios. Aquí tenemos otra ayuda en este esfuerzo. Deje que las situaciones lo llamen a la oración.

Un comprador apresurado empujó a una niñita que acababa de comprar un barquillo de helado doble y el delicioso postre se cayó en el piso. Sentí mucha lástima por la niña. El comprador ocupado siguió sin mirar siquiera lo que pasó. La niña estaba completamente sorprendida, inmóvil. Por la mirada en su rostro, podía darme cuenta de que había gastado todo su dinero para comprarlo. Supuse que su madre estaba en otra tienda del centro comercial.

Oré. Todo sucedió como un destello. Al empleado, quien estaba muy ocupado ayudando a otros con sus pedidos de helado, le llamé la atención acerca del incidente, puse el dinero sobre el mostrador para otro barquillo y le pedí que le ofreciera a la niñita otro barquillo para reemplazar el helado perdido. Me emocionó el ver a la niñita salir de su sorpresa y su rostro cambiar de tristeza a gozo.

¿Simple? Sí, pero para mí la oración es tratar de relacionar conscientemente toda la vida a Dios. El amor estaba presente allí y donde está el amor, allí está Dios.

Termine este período regresando a la guía para la oración matutina y vespertina dada en el Día Siete de la semana anterior. Use cualquier modelo que se acomode a su horario y ore siguiendo esa guía. Pase cuanto tiempo sea necesario en esto.

## *Durante el día*

Siga orando la oración «Día tras día» cuando tenga interrupciones. Hoy deje que las situaciones lo llamen a orar. Usted comprende el punto en el incidente que le presenté. Toda clase de situaciones ocurren en su vida. Trate conscientemente de relacionar estas situaciones a Dios en oración y acción. Para ser deliberados acerca de esto, recuerde el modelo que consideramos anteriormente.

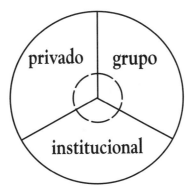

Las situaciones en cada una de estas áreas de nuestra vida demandan atención en nuestras oraciones. Haga una lista de las situaciones que anticipa hoy en cada área, para poder ser deliberado y dejar que las situaciones lo llamen a la oración.

## DÍA CUATRO

*Deje que las personas lo llamen a la oración.*

Durante tres días ha estado experimentando con la oración «Día tras día». Ha sido intencional acerca de buscar conscientemente relacionar toda la vida a Dios. ¿Cómo está funcionando ese esfuerzo? ¿Qué clase de experiencias le están empujando a recordar esta oración? Ahora repase mentalmente los últimos tres días. ¿Qué interrupciones lo están moviendo a orar? Haga una lista de ellas en el espacio que sigue.

Las interrupciones que me mueven a orar son:

¿Qué situaciones lo han movido a orar? Haga una lista de éstas y escriba un breve comentario de cada situación y cómo oró. Quizá quiera escribir su oración aquí.

Otra señal que nos ayudará para orar sin cesar es ésta: Deje que las personas lo muevan a orar.

Es asombroso cómo las experiencias que ordinariamente parecerían mundanas, cobran un sentido extraordinario cuando buscamos relacionar toda la vida a Dios.

El 26 de septiembre de 1993, volaba de Memphis a Lubbock, Texas. Debido a que tenía que estar en Lubbock para predicar a las 7.00 el domingo por la noche, tenía que tomar un vuelo en Memphis a la 1.00 p.m. Eso quería decir que tenía que salir inmediatamente después de nuestro culto a mediodía. Fue correr, correr, correr todo el camino. Cuando llegué al aeropuerto, me di cuenta que mi vuelo había sido demorado por una hora, lo cual quería decir que perdería mi conexión en Dallas. Fue una experiencia angustiosa y frustrante. Los agentes de viaje fueron amables y generosos, y trataron de hacer todo lo posible para ayudarme a llegar a Lubbock a tiempo para predicar esa noche. Cuando finalmente llegué a Dallas donde iba a cambiar de avión para ir a Lubbock, estaba frustrado y agotado. Mis nervios comenzaban a irritarse. Tuve que correr con mi equipaje una larga distancia y aun sentía dolor en mi pecho. Me sobrecogió un pensamiento: ¿sería un ataque al corazón? Al acomodarme en mi asiento en el vuelo de Dallas a Lubbock, agradecido de que iba a llegar a tiempo, comencé a orar. Fue la aeromoza la que me movió a orar. Fue tan amable y agradable al subir al avión y su saludo me alegró. Al acomodarme para orar, oré por ella. Al aterrizar en Lubbock, la misma aeromoza que me había saludado con tal alegría hablaba por el sistema de intercomunicación para instruirnos acerca del aterrizaje y para darnos información acerca del aeropuerto en Lubbock. Terminó sus instrucciones diciendo: «Espero que tengan una buena estancia en Lubbock y que Dios los bendiga».

He viajado por todo el mundo y siempre estoy viajando, pero ésa fue la primera vez en mi experiencia que una aeromoza había usado esas palabras: «Dios los bendiga». Me proveyó el ánimo perfecto y la elevación moral para comenzar mi misión de predicación en Lubbock de una buena manera.

Las personas nos llaman a la oración profunda y significativa. Además de aquellas personas con quienes nos relacionamos todos los días y por quienes oramos constantemente, hay personas que conocemos en encuentros breves de una sola vez que necesitan nuestra afirmación, aun nuestra petición e intercesión. Creo que el clima de las relaciones—aun las relaciones de contacto casual con extranjeros— pueden cambiar mediante la oración. Esto es precisamente cómo el usar nuestras interrupciones para orar nos puede poner en una relación más estrecha con las personas alrededor nuestro. Cuando conscientemente buscamos relacionar con Dios a una persona que conocemos, se desata un poder del cual sabemos poco, pero que puede hacer una tremenda diferencia en nuestra vida.

Hay un versículo en las Escrituras en el libro de Job que describe cuán seria realmente es nuestra relación con otros.

Job 6.14-18:

*El que sufre es consolado por su compañero, incluso aquel que abandona el temor del Omnipotente. Pero mis hermanos me han traicionado como un torrente; han pasado como las corrientes impetuosas que bajan turbias por el deshielo y mezcladas con la nieve, que al tiempo del calor se secan, y al calentarse desaparecen en su cauce. Los caminantes se apartan de su rumbo y se pierden en el desierto.*

Una traducción sugiere ese versículo catorce así: «*Al amigo que sufre se le ama, no sea que se olvide de la fe en el Todopoderoso*».

¿Entiende el significado de eso? La manera como se relaciona y se preocupa usted por una persona y cómo le presta atención, apoya a dicha persona en su fe en Dios.

Nunca sabemos quién puede sentirse desesperado. Hay innumerables testimonios de personas orando por otros. A veces descubrimos más tarde que aquéllos por quienes otros estaban orando estaban pasando por una gran crisis. Esto puede resultar aun con gente que no conocemos. Con frecuencia la mejor demostración de amor es orar.

Trate de reconocer que jamás sabrá el bien que se hace al orar por los extraños. Deje eso a Dios, pero confíe en el misterio de que «más cosas son forjadas por la oración que lo que este mundo sueña». Deje que las personas lo muevan a la oración. La oración lo llamará a la acción.

Mateo 25.34-40:

*Entonces el Rey dirá a los de su derecha: «Venid, benditos de mi Padre, heredad el Reino preparado para vosotros desde la fundación del mundo. Porque tuve hambre y me disteis de comer, tuve sed y me disteis de beber; fui forastero y me recogisteis; estuve desnudo y me vestisteis; enfermo y me visitasteis; en la cárcel y fuisteis a verme». Entonces los justos le responderán diciendo: «Señor, ¿cuándo te vimos hambriento y te alimentamos, o sediento y te dimos de beber? ¿Y cuándo te vimos forastero y te recogimos, o desnudo y te vestimos? ¿O cuándo te vimos enfermo o en la cárcel, y fuimos a verte?». Respondiendo el Rey, les dirá: «De cierto os digo que en cuanto lo hicisteis a uno de estos mis hermanos más pequeños, a mí lo hicisteis».*

Concluya este período hoy de la misma manera que ayer, usando cualquier modelo de oración que sea apropiado para usted. Tome cuanto tiempo necesite.

## *Durante el día*

Tiene tres señales ahora: interrupciones, situaciones, personas. Deje que todas ellas sean el resonante aviso en su alma que lo llame a orar sin cesar hoy.

# DÍA CINCO

*Atención*

Éxodo 3.1-5:

*Apacentando Moisés las ovejas de su suegro Jetro, sacerdote de Madián, llevó las ovejas a través del desierto y llegó hasta Horeb, monte de Dios. Allí se le apareció el Ángel de Jehová en una llama de fuego, en medio de una zarza. Al fijarse, vió que la zarza ardía en fuego, pero la zarza no se consumía. Entonces Moisés se dijo: «Iré ahora para contemplar esta gran visión, por qué causa la zarza no se quema». Cuando Jehová vio que él iba a mirar, lo llamó de en medio de la zarza: «¡Moisés, Moisés!» «Aquí estoy» respondió él. Dios le dijo: «No te acerques; quita el calzado de tus pies, porque el lugar en que tú estás, tierra santa es».*

Me pregunto: ¿qué le hubiera pasado a Moisés si no hubiera tomado la decisión de voltear y ver «*esta grande visión, por qué causa la zarza no se quema*»? La Escritura dice que fue después de que Moisés fue a ver que Dios le llamó de en medio de la zarza.

Moisés estaba desempeñando su trabajo de una manera ordinaria. No estaba en una iglesia ni observando el tiempo de su oración matutina especial—sencillamente atendía el rebaño de su suegro, como siempre. En medio de aquella tarea, de repente descubrió algo que nunca antes había visto, una zarza ardiendo de una manera extraordinaria.

Ésta *era* una visitación única de Dios, dramática. Sin embargo, debe haber muchas «zarzas ardientes» en nuestra vida cotidiana que no nos disponemos a ver. Simone Weil, una mujer francesa que murió en 1943 a la edad de treinta y tres años, llegó a ser una especie de apóstol de la vida espiritual en Francia. A través de sus escritos, que fueron publicados después de su muerte, ella compartió penetrantes percepciones acerca de la oración viviente. Su definición de la oración como *atención* da en el blanco. *La oración es atención*, desviarse para ver.

Uno de los enemigos más grandes, no sólo de la oración sino de toda la vida espiritual, es la falta de atención, la complacencia. Pascal llamó a esto *el sueño de Getsemaní*, refiriéndose a lo que los discípulos hicieron cuando Jesús les pidió que velaran con él.

Las personas generalmente se acercan a la vida de dos maneras, movidos por dos impulsos: uno, aceptar y dar por sentado; dos, ver con asombro inquisitivo. Moisés respondió de esta última manera. Tomó la decisión de dejar su tarea con las ovejas por un momento, desviarse para seguir su curiosidad y ver qué pasaba. La zarza ardiente le llamó la atención y decidió hacer caso a lo que veía.

Todo el pasaje de la zarza ardiente es vital para entender la oración como atención—como un asunto de *ver*, pero también de *poner atención* a lo que vemos. Siguiendo con el versículo seis, el pasaje relata: «*[Dios] añadió: Yo soy el Dios de tu padre, el Dios de Abraham, el Dios de Isaac, y el Dios de Jacob. Entonces Moisés cubrió su rostro, porque tuvo miedo de mirar a Dios*».

Éxodo 3.7-10:

*Dijo luego Jehová: Bien he visto la aflicción de mi pueblo que está en Egipto, y he oído su clamor a causa de sus opresores; pues he conocido sus angustias. Por eso he descendido para librarlos de mano de los egipcios y sacarlos de aquella tierra a una tierra buena y ancha, a una tierra que fluye leche y miel, a los lugares del cananeo, del heteo, del amorreo, del ferezeo, del heveo y del jebuseo. El clamor, pues, de los hijos de Israel ha llegado ante mí, y también he visto la opresión con que los egipcios los oprimen. Ven, por tanto, ahora, y te enviaré al faraón para que saques de Egipto a mi pueblo, a los hijos de Israel.*

Moisés trató de argumentar con Dios (y la oración puede incluir eso), de ofrecer excusas y de rogarle a Dios que enviara a alguien más. Pero eventualmente Moisés respondió y «*tomó a su mujer y a sus hijos, los puso sobre un asno y volvió a la tierra de Egipto. Tomó también Moisés la vara de Dios en su mano*» (Éxodo 4.20).

El poner atención es escuchar y responder al llamamiento de Dios. Si Moisés nunca hubiera respondido, jamás hubiera sido Moisés; jamás hubiera cumplido su destino.

Escribí acerca de esto en *Be Your Whole Self* (Sea su ser íntegro) como parte del proceso de «vivir deliberadamente».

Fue cuando Moisés *prestó atención* a lo que vió que Dios le habló. La cúspide del misterio se encuentra en la respuesta de Moisés a este acontecimiento. «*Moisés cubrió su rostro, porque tuvo miedo de mirar a Dios*» (Éxodo 3.6). La raíz de la palabra «misterio» es una palabra griega que quiere decir literalmente «cerrar su propia boca». Esto es parte del «proceso de sincronizar»—cerrar su propia boca para que el Otro pueda hablar, «*quitar el calzado de tus pies*» porque el lugar es tierra santa.[13]

Ésta es la clave del orar sin cesar: prestar atención y hacer caso de lo que vemos. Es el ir del *mirar* a *ver* que conscientemente podemos relacionar toda la vida a Dios. Entonces comenzamos a ver a Dios como «el más allá en medio de la vida»; lo conocemos en el centro mismo de la vida no en las orillas.

En un hermoso testimonio de esto, Tom y Edna Boone, líderes de LAOS, una organización misionera de voluntarios con sede en Washington, D.C., compartieron su experiencia en Mississippi antes de que la oración fuera para ellos «prestar atención».

La vida era buena, sencilla y sin complicaciones. Habíamos sido bendecidos con la llegada de nuestro primer hijo; teníamos amigos amables en la iglesia que casi nunca estaban en desacuerdo con nosotros, y estábamos trabajando con éxito con nuestra juventud como amigos y consejeros.

De hecho, desde nuestro punto de vista, en verdad parecía que ¡Dios estaba en su cielo y todo estaba bien en el mundo!

Lo que no podíamos comprender en ese momento de nuestra vida era que ¡Dios ni siquiera estaba en su cielo! Se estaba muriendo de hambre en Calcuta y Lagos; se estaba pudriendo en la cárcel en Bogotá y Sao Paulo; estaba desnudo y enfermo en Big Stone Gap y Watts... ¡y se estaba preparando para marchar hacia Selma»![14]

D.H. Lawrence definió el pensamiento como «una [persona]... íntegra, plenamente presente y prestando atención». En verdad eso es la oración: en nuestra integridad, *mostrando integramente la imagen de Dios*, prestando atención completamente, relacionando conscientemente nuestra vida y toda la vida a Dios.

## *Reflexionar y anotar*

Ayer tuvo tres señales para llamarlo a orar: interrupciones, situaciones, personas. Todas estas señales están relacionadas a la oración como *atención*. Comente aquí su experiencia de la oración con:

1. Interrupciones (Haga una lista de ellas y anote lo que su oración del «Día tras día» significa para usted.)

2. Situaciones (¿Cuáles fueron las situaciones y cómo oró?)

3. Personas (Describa sus reuniones con algunas personas o la atención que les prestó y cómo oró.)

Termine este período hoy usando el modelo sugerido para la oración matutina o vespertina de acuerdo a su horario. Se espera que sus experiencias con situaciones y personas ayer formarán parte de sus oraciones hoy. Sus peticiones, sus intercesiones, su búsqueda de dirección y su acción de gracias pueden estar directamente relacionadas a las situaciones en las cuales estuvo involucrado/a o a las personas con quienes se encontró. Tome todo el tiempo que necesite.

## Durante el día

La oración como atención es cuestión de disciplina. Parte de la disciplina es prestar atención a nuestras señales: interrupciones, situaciones, personas. Se espera que usted esté agregando algunas señales suyas para hacer de la oración viviente una realidad. Concéntrese hoy en «desviarse para ver»—prestando atención a situaciones y a personas que pueden ser su «zarza ardiente».

## DÍA SEIS

*Tener conciencia*

Ireneo, uno de los patriarcas de la iglesia primitiva, capturó en una oración conmovedora una dimensión de la oración: «La gloria de Dios es el hombre totalmente consciente». La gloria de Dios no es usted de rodillas, ni usted meditando en la Biblia, ni usted en el santuario en éxtasis durante el culto de adoración, ni usted dándole un vaso de agua a otro. Nada de esto, pero tal vez todo esto—y mucho más. Es usted y toda su humanidad, totalmente consciente.

Esto es lo que quiere decir orar sin cesar, el vivir nuestro orar, el estar consciente, el *tener conciencia*. Aquí tenemos una comprensión de la oración que hace el orar sin cesar una posibilidad viable. *La oración es tener conciencia.*

Hay cuatro niveles o dimensiones de la conciencia que nos hacen estar totalmente conscientes para ser la gloria de Dios.

1. *Tener conciencia de sí mismo*—el estar en contacto con mis propios sentimientos. ¿Qué es lo que sucede dentro de mí?

2. *Tener conciencia de otros*—no sólo un reconocimiento de que otros existen, sino de que ellos están vivos. No sólo estar «con otros», sino también «estar presente» ante ellos—participando en su vida y dejando que ellos compartan la nuestra.

3. *Tener conciencia del mundo*—el mundo no es una prisión de la cual hemos de escapar. Nuestra carne no es mala. *El mundo* es la casa en la cual aquellas personas que hemos sido hechas *carne*, hemos de vivir. Dios lo hizo todo y vio que era bueno.

4. *Tener conciencia de Dios*—percibir el misterio, hacernos accesibles a la completa expresión del Espíritu morador de Dios, tener conciencia de la acción de Dios en otros y en el mundo.

El filósofo Martín Heidegger ve la verdadera sabiduría como la «apertura» a «lo que es». Eso es tener conciencia y esa es la postura correcta de la oración viviente: el estar abiertos a lo que es. Esto quiere decir una sinceridad y aceptación de mí mismo tal como soy, de otros tal como son, de Dios tal como Dios es, del mundo tal como es, estar disponibles para hacer lo que Dios quiere hacer por medio de nosotros y por medio de otros en el mundo.

Tener conciencia es más natural para los niños y niñas que para los adultos. En el proceso del desarrollo y el envejecer nos aislamos de las experiencias, cerramos nuestra mente y nos hacemos insensibles. El dolor, el desconcierto, la pena y el fracaso nos adiestran a ser selectivos en nuestras experiencias. Edificamos defensas contra la posibilidad de lo que pudiera ser una experiencia negativa o dolorosa. Así pues nos aislamos de muchas cosas en la vida. Muchos de nosotros preferimos el infierno de una situación pronosticable en lugar de arriesgarnos al gozo de una situación imposible de predecir. Por lo tanto, no tomamos riesgos.

Tener conciencia, pues, no es natural para la mayoría de nosotros. Tiene que cultivarse. El estar consciente de la vida requiere esfuerzo y disciplina. Tenemos que tomar riesgos y estar atentos a lo que pudieran significar agravios y fracasos. Pero la posibilidad de experimentar gozo y significado pesa más que los factores negativos.

¿Y quién dice que el dolor, el desconcierto, la pena o el fracaso no son tanto parte de la vida como la felicidad, el éxito, la risa o la seguridad? El cuadro de la vida es insípido sin las sombras. *La gloria de Dios es cada uno de nosotros totalmente consciente.*

Una persona íntegra—una totalmente consciente—está en comunión con su propio ser, con otros, con Dios y con el mundo. ¡Bien pudiera ser que nuestra comunión con Dios dependa de la comunión con nosotros mismos, con otros y con el mundo!

## *Reflexionar y anotar*

Para comenzar a tener la disciplina de estar consciente, necesita ver dónde se encuentra actualmente. ¿Cuán consciente es usted? ¿Cuán atenta a la realidad?

En una escala de uno a diez (el diez indica «totalmente consciente»), evalúese acerca de su conciencia en diferentes áreas. Sencillamente ponga una contraseña donde usted cree que se encuentra actualmente. Si hoy no es un día típico para usted—si algo lo hace sentirse extraordinariamente animado/a o si no se siente bien—encontrará provechoso poner dos contraseñas, una para hoy (x) y otra (X) para su conciencia normal.

Tener conciencia de sí mismo
1☐ 2☐ 3☐ 4☐ 5☐ 6☐ 7☐ 8☐ 9☐ 10☐

Tener conciencia de otros
1☐ 2☐ 3☐ 4☐ 5☐ 6☐ 7☐ 8☐ 9☐ 10☐

Tener conciencia del mundo
1☐ 2☐ 3☐ 4☐ 5☐ 6☐ 7☐ 8☐ 9☐ 10☐

Tener conciencia de Dios
1☐ 2☐ 3☐ 4☐ 5☐ 6☐ 7☐ 8☐ 9☐ 10☐

Escriba dos o tres oraciones acerca de su evaluación de sí mismo en estas áreas.

Conciencia de sí mismo:


Conciencia de otros:

Conciencia del mundo:

Conciencia de Dios:

Ahora concluya este período de reflexión pensando acerca de cómo este pasaje de la Escritura se relaciona con el ser totalmente consciente. El evangelio de Juan nos recuerda que Jesús dijo:

Juan 15.9-16:

*Como el Padre me ha amado, así también yo os he amado; permaneced en mi amor. Si guardáis mis mandamientos, permaneceréis en mi amor; así como yo he guardado los mandamientos de mi Padre y permanezco en su amor. Estas cosas os he hablado para que mi gozo esté en vosotros, y vuestro gozo sea completo. Éste es mi mandamiento: Que os améis unos a otros, como yo os he amado. Nadie tiene mayor amor que éste, que uno ponga su vida por sus amigos. Vosotros sois mis amigos si hacéis lo que yo os mando. Ya no os llamaré siervos, porque el siervo no sabe lo que hace su señor; pero os he llamado amigos, porque todas las cosas que oí de mi Padre os las he dado a conocer. No me elegisteis vosotros a mí, sino que yo os elegí a vosotros, y os he puesto para que vayáis y llevéis fruto, y vuestro fruto permanezca; para que todo lo que pidáis al Padre en mi nombre, él os lo dé.*

Después de reflexionar en esta Escriturra, concluya usando la guía para la oración que ha usado en otras ocasiones.

## Durante el día

Siga respondiendo a las señales que lo llaman a orar. Sea especialmente sensible a cómo tales reacciones acrecientan su conciencia—lo hace estar consciente de usted mismo, de otros, del mundo, de Dios. Alégrese en este pensamiento: «La gloria de Dios es cada uno de nosotros totalmente consciente». (Esto está impreso en letra grande en la página 157. Córtela. Péguelo a una tarjeta y póngala sobre la mesa de la cocina, su escritorio o en algún lugar donde le llame la atención.)

## DÍA SIETE

*El orar y el vivir en Cristo*

Hay una oración muy sencilla llamada «la oración de Jesús» que puede tener un profundo significado en su vida. Algunas de las personas que han alcanzado una profunda comunión con Dios llegaron a un punto en su experiencia cuando, por períodos largos de tiempo, oraron sólo esta oración. «Señor Jesucristo, Hijo de Dios, ten misericordia de mí, pecador».

Considere el profundo significado de esta sencilla petición.

*Señor Jesucristo*—¿Qué significa llamar a Jesús Señor?
*Hijo de Dios*—¿Qué quiere decir confesar a Jesús como el Hijo de Dios?
    ¿Qué clase de Dios entregaría a su Hijo de esta manera?
*Ten misericordia*—¿Qué significa la misericordia? El pronunciar la petición es saber que la misericordia está disponible. ¿Cómo reclamo esa misericordia?
*De mí, pecador*—¿Qué quiere decir eso en este momento de mi vida?

Ahora póngase en una posición relajada, despeje su mente y centre sus pensamientos en esta oración: «Señor Jesucristo, Hijo de Dios, ten misericordia de mí, pecador». Quizá querrá repetirla dos o tres veces. Pase cinco minutos o más considerando la profundidad y el significado de esta oración para usted hoy.

† † †

Basado en su meditación, escriba una o dos oraciones en contestación a las preguntas que se mencionan arriba, relacionadas a las diferentes dimensiones de esta oración.

*Señor Jesucristo*

*Hijo de Dios*

*Ten misericordia*

*De mí, pecador*

Ahora vea las palabras de Jesús en el evangelio de Juan:

Juan 15.1-8:

*«Yo soy la vid verdadera y mi Padre es el labrador. Todo pámpano que en mí no lleva fruto, lo quitará; y todo aquel que lleva fruto, lo limpiará, para que lleve más fruto. Ya vosotros estáis limpios por la palabra que os he hablado. Permaneced en mí, y yo en vosotros. Como el pámpano no puede llevar fruto por sí mismo, si no permanece en la vid, así tampoco vosotros, si no permanecéis en mí.*

*Yo soy la vid, vosotros los pámpanos; el que permanece en mí, y yo en él, éste lleva mucho fruto; porque se-parados de mí nada podéis hacer. El que en mí no permanece será echado fuera como pámpano, y se secará; y los recogen, y los echan en el fuego y arden. Si permanecéis en mí, y mis palabras permanecen en vosotros, pedid todo lo que queráis y os será hecho. En esto es glorificado mi Padre: en que llevéis mucho fruto y seáis así mis discípulos».*

En otra sección (capítulo 14) Juan presenta a Jesús diciendo: *«Todo lo que pidáis al Padre en mi nombre, lo haré».*

La descripción favorita de Pablo de un cristiano era una persona *«en Cristo».* No podemos orar efectivamente sin orar y vivir *«en Cristo».*

Aquí tenemos el secreto de orar y vivir. Jesús vino con un sólo propósito: ofrecerse a nosotros y, al hacerlo, acercarnos a Dios. Vino a darnos poder para hacer y ser esas cosas que Dios requiere de nosotros. *«Mas a todos los que lo recibieron,... les dio potestad de ser hechos hijos de Dios»* (Juan 1.12). Otros mártires y profetas nos dieron sus palabras y su ejemplo, pero no nos podían dar el poder para ser como ellos. Sólo uno ha hecho eso. ¡Lo llamamos Salvador y Señor!

En el corazón de las buenas nuevas está esta verdad que debemos apropiar si hemos de conocer el poder de la oración viviente: Jesús como el Cristo está vivo. Está con nosotros. En su poder como resucitado está presente entre nosotros. Amó el mundo y nunca lo dejó. Jesús está entre nosotros ahora tanto como, y quiza aun más de lo que estuvo entre nosotros en la carne. Jesús nos invita a aceptar el poder de la vida que ofrece: *«Yo soy la vid verdadera.... Permaneced en mí, y yo en vosotros... vosotros los pámpanos; el que permanece en mí y yo en el, éste lleva mucho fruto»* (Juan 15.1-5). *«Si ustedes permanecen unidos a mí, y si permanecen fieles a mis enseñanzas, pidan todo lo que quieran y se les dará»* (Juan 15.7, VPEE).

Hasta que no comprendamos esto o seamos capturados por ello, no haremos mucho progreso en nuestro vivir y orar cristiano. Cuando sepamos que somos guiados por Cristo, que él es la vid y que nosotros somos los pámpanos, podremos reclamar poder de la verdadera Fuente de la vida para vivificarnos, formarnos, cambiarnos y recrearnos continuamente.

Vivimos en Cristo y oramos en Cristo. El poder no está en nuestro orar, sino en nuestro vivir y nuestro orar en Cristo. Ésta es la extraordinaria aventura de toda la vida a la cual somos llamados. Podemos tener la seguridad de que lo que Jesús promete, él la proveerá. *«Permaneced en mí, y yo en vosotros. Como el pámpano no puede llevar fruto por sí mismo, si no permanece en la vid, así tampoco vosotros, si no permanecéis en mí... el que permanece en mí y yo en él éste lleva mucho fruto».*

## Reflexionar y anotar

Durante siete días hemos hecho hincapié en orar sin cesar. Es de esperarse que usted haya comenzado algo que continuará de hoy en adelante: una búsqueda intencional y conscientemente de relacionar toda la vida a Dios.

¿Ha hecho alguna diferencia este esfuerzo en su vida hasta la fecha? ¿Se está acercando a la meta de orar sin cesar? Pase unos cuantos minutos reflexionando sobre esto. Escriba cuando menos tres o cuatro oraciones en relación a cómo se siente acerca de este esfuerzo.

Cristo es la vid; usted y yo somos los pámpanos. Esto quiere decir que andaremos este día como los mensajeros de Dios. Aquellos con quienes nos encontremos, los conoceremos en el nombre de Dios. Estamos *con* cada persona y *en* toda situación como la presencia de Cristo. Piense acerca de esto. Escriba algunas líneas acerca de lo que esta idea significará para usted hoy.

Clausure la sesión orando en la manera que usted escoja.

## Durante el día

Use la «oración de Jesús» para sus interrupciones hoy. Repásela para mantenerla claramente en su mente.

Tome esta decisión ahora: «Seré Cristo *para* quienes me encuentren o recibiré a Cristo en cada persona con quien me encuentre hoy».

## _____ Reunión de grupo para la Semana Cinco _____

## Introducción

Muchos no oran porque no comprenden lo que significa la oración. No pueden racionalmente comprender cómo funciona la oración, cómo se desata el poder de Dios en nuestra vida mediante nuestras oraciones y las oraciones de los demás o cómo nuestras oraciones pueden dar poder y aun transformar a otras personas. El día en que podamos, sin entender completamente o sin una explicación racional, comenzar a practicar la oración en forma intencional y comprometida, va a ser un día muy especial.

En cierto sentido, la oración, como muchas de las experiencias profundas de la vida, es absurda. El misterio está presente. Hay experiencias como la de hacer un compromiso para toda la vida con otra persona en el matrimonio, la de sentirnos inspirados por la música, la de quedarse sin poder hablar ante la grandeza de algo en la naturaleza, la de llorar ante el misterio de ver un niño nacer o ante una muestra de amor sacrificial, la de sentirnos conmovidos por el gozo o movidos a reflexionar profundamente durante la adoración. Tales experiencias tal vez no tengan sentido y la oración es una de ellas. Oramos porque tenemos que hacerlo.

El dar énfasis a esta experiencia, el convertir toda la vida en una oración es de lo que trata la disciplina de la oración. Este cuaderno es solamente una introducción elemental a las vastas posibilidades de la oración viviente. Las posibilidades se desatan en la medida en que seguimos orando intencionalmente.

Ha hecho y está cumpliendo un compromiso de seis semanas en esta aventura. Por cuanto sabemos que muchos querrán continuar el compromiso, se incluyen sugerencias en el Apéndice (págs. 155-156) para extender esta aventura por tres semanas. En esta reunión tal vez querrá discutir esta posibilidad, y los que lo deseen pueden tomar una decisión para extender su aventura. Si toma esa decisión, el líder del grupo para esta semana verá las sugerencias para continuar.

## Compartir juntos

1. Permita que cada persona comparta el «ingrediente» de la oración que ha llegado a tener más significado durante estas últimas dos semanas.

2. Comparta su experiencia más significativa acerca de una interrupción, una situación o alguna persona moviéndolo a orar.

3. Discuta la afirmación: «La gloria de Dios es cada uno de nosotros totalmente consciente».

a. ¿Cuáles fueron los resultados de su evaluación acerca de tomar conciencia? Hable acerca de sus necesidades en estas áreas en particular (el propio ser, otras personas, el mundo y Dios).

b. ¿Qué cambios en el tomar conciencia en cualquier área se han logrado como resultado de esta aventura de oración?

c. Compare las cuatro dimensiones de tomar conciencia con las tres áreas en las cuales operamos como personas (privadas, institucionales, de grupo). ¿Está ayudándole su experiencia con la oración a integrar todas estas dimensiones de manera que usted pueda actuar en plenitud?

4. «Muchos de nosotros preferimos el infierno de una situación pronosticable que arriesgarnos al gozo de una situación imposible de predecir».

a. ¿En qué sentido ha sido cierta esta declaración en su experiencia?

b. Una respuesta fiel a Dios puede traer resultados imposibles de predecir. ¿Hay alguien en el grupo luchando con la ansiedad de responder a un llamamiento—alguna «zarza ardiente» que está demandando atención—que quiera compartir sus inquietudes?

## Orar juntos

Antes de comenzar su tiempo específico de oración, vea la lista de oración del grupo (si hizo una la semana pasada). ¿Necesita tachar el nombre de alguna persona, alguna preocupación o alguna necesidad o agregar algunas más? Sea sensible a las oraciones contestadas y a la necesidad de encomendar a alguna persona o alguna preocupación a Dios en fe, confiando que Dios obrará en cada situación y ofreciéndose a sí mismo como un instrumento de su amor redentor.

1. Comience sus momentos de oración juntos pidiendo a cada persona que dé gracias a Dios en una breve oración de alabanza y acción de gracias. Haga esto en unas cuantas oraciones—quizá solamente una. ¿Por qué está agradecido/a? ¿Qué está trayendo significado y gozo a su vida?

2. La semana pasada consideramos las posibilidades del poder del toque físico. Mencionamos la práctica de «la imposición de manos».

    a. ¿Hay algunas personas que desean la imposición de manos del grupo y que se ore por ellas de una manera enfocada?

    b. A veces la imposición de manos *por otra persona* tiene gran significado. Puede haber una persona o una necesidad en la lista de oración del grupo o haya alguna que le venga a la mente. ¿Quién desea representar a alguien más, mientras otros imponen las manos y oran? La persona que esté como sustituta debe explicar la necesidad que él o ella representa lo más fielmente posible. (Si el nombre debe que dar en anonimato, la persona puede identificar la necesidad.) La persona sustituta debe identificarse con la persona por quien se está orando.

3. Una oración de despedida es una bendición o un saludo compartido con otra persona o con un grupo al separarse. El «pasar la paz» es una bendición. Tome las manos de una persona y digale: «La paz de Dios sea contigo» y la persona responde: «Y que la paz de Dios sea contigo». Luego esa persona, tomando las manos de la persona a su lado dice: «La paz de Dios sea con usted» y la respuesta: «Y que la paz de Dios sea con usted». De pie en un círculo deje que el líder «pase la paz» y deje que vaya alrededor del círculo.

# SEMANA SEIS

Recursos
para la
oración

# INTRODUCCIÓN
Semana Seis

## NUESTRO PODER DEPENDE DE NUESTRA ORACIÓN Y NUESTRA ORACIÓN DEPENDE DE NUESTRA FE

Una de las promesas más extraordinarias de Jesús aparece en Juan 14.12-14:

*De cierto, de cierto os digo: El que en mí cree, las obras que yo hago, él también las hará; y aun mayores hará, porque yo voy al Padre. Todo lo que pidáis al Padre en mi nombre, lo haré, para que el Padre sea glorificado en el Hijo. Si algo pedís en mi nombre, yo lo haré.*

Aquí hay dos promesas extravagantes en realidad. Jesús dice: «*Las obras que yo hago* [vosotros las haréis] *y aun mayores*» y luego vincula esa palabra maravillosa con su igualmente extravagante promesa acerca de la oración: «*Todo lo que pidáis al Padre en mi nombre, lo haré*». No dice eso sólo una vez; lo dice dos veces, obviamente queriendo que se grabe en nuestra mente. Ponga mucha atención al tiempo del verbo: Jesús no dijo: «Tal vez podría hacer lo que pidáis en mi nombre». No dijo: «Probablemente haré lo que pidáis en mi nombre». Ni tampoco dijo: «Es posible que consigáis lo que pidáis en mi nombre». No, fue enfático: «Haré lo que pidáis en mi nombre».

Parece extravagante y sin límite, pero necesitamos asentar el hecho de que la promesa que Jesús nos da aquí no es incondicional; más bien, la promesa es explícita y estrictamente limitada. Es solamente lo que pedimos «en el nombre de Jesús», sólo lo que pedimos «en su nombre» lo que Jesús promete darnos.

Podemos con confianza contar con recibir lo que pedimos, sólo si lo que pedimos avanza la causa de Dios y redunda en su gloria.

Note otra conexión y condición: La conexión entre la fe y la oración. «*El que en mí cree, las obras que yo hago, él también las hará*». Eso es recalcar la fe. Así que anote esto: Nuestro poder depende de nuestra oración y nuestra oración depende de nuestra fe. He llegado a la conclusión de que la razón para la debilidad del cristiano es la debilidad de la fe del cristiano. Una de mis relaciones de oración más conmovedoras fue con Randy Morris, el hermano de mi esposa. Randy tenía cuarenta años cuando se le derrumbó su mundo. Él, su esposa Nancy, y sus dos hijos vivían felizmente en Norfolk, Virginia. Él había comenzado su propio negocio, algo con lo cual había soñado y planificado por cinco años. De pronto sucedió —la doble visión que lo hizo ir al doctor y el diagnóstico subsiguiente de linfoma. El cáncer estaba en la espina dorsal y había tumores alrededor del cerebro. Dosis masivas de quimioterapia lo pusieron en remisión y todos se regocijaron.

Pero después de unos tres meses de remisión, el cáncer atacó de nuevo. Randy estaba tremendamente deprimido.

Yo había estado predicando una serie de sermones sobre los Salmos y le mandé a Randy copias de esos sermones. Randy respondió con una carta, de la cual comparto una porción:

> Tus oraciones y las oraciones de las personas a quienes les has pedido orar, tales como el grupo de oración de David Libby, me han sostenido durante estos tiempos en que mi vida de oración privada era difícil (en muchas ocasiones). Una amiga mía con quien me reuno cada semana (la pueden llamar mi consejera espiritual) dijo que una de las dimensiones más importante de la oración de intercesión es sostener a los que sienten que no pueden orar.

> Estoy agradecido por los dos sermones que predicaste este verano. He llegado a apreciar los Salmos durante este último año. En verdad creo que Dios está consciente de todas nuestras sacudidas.

> Ahora voy a compartir contigo una experiencia respecto a la oración que comprueba esto. Fue una experiencia grande con Jesús. El pastor Rick y yo nos hemos emocionado mucho con esta experiencia.

> Durante varios años me he preparado para orar pasando por una fase de relajación para preparar mi cuerpo y mi mente para la oración. Después de unos cuantos momentos, dejo ir mi mente a un lugar en las montañas al norte de Georgia a donde acostumbraba ir a acampar. Allí he construido una estructura abierta, un mirador, a donde voy para hablar con Jesús. Normalmente entro y llamo a Jesús y él viene. Conversamos y generalmente le presento mis oraciones de acción de gracias y de intercesión. Es un ambiente de diálogo.

> A fines de agosto estaba completamente desmoralizado con la reaparición del linfoma. Estaba emocionalmente deshecho; me puse a orar. Todo fue como de costumbre hasta que Jesús vino a la puerta del mirador. En ese momento un evento completamente inconcebible sucedió que me estremeció hasta hacerme derramar lágrimas. Me volví una cámara que grababa el evento. Yo mismo era un niñito de la edad de Evan (cinco años de edad), corrí hacia Jesús y lo abracé. Me levantó, me llevó a un asiento y me sostuvo en sus brazos. Me abrazó. No dije nada, pero él conocía mis temblores. Sabía que estaba asustado. No había contestaciones y el futuro parecía tan sombrío. Mientras me abrazaba, me dijo: «Confía en mí. Confía en mí».

> Fue un evento genuino, un milagro personal. Me sostuvo por un largo tiempo esa noche, hasta que él supo que yo entendía lo que él quería decir. Le he contado sólo a unas cuantas personas acerca de esto y cada vez que lo cuento, así como ahora que te lo estoy escribiendo, los ojos se me llenan de lágrimas; y el sentimiento que experimenté esa noche se renueva en mí. Rick dijo que ese sentimiento es «la misma razón por la cual Moisés no podía mirar el rostro de Dios y porqué nos quitamos el calzado en tierra santa». Y ahora yo tengo esa experiencia,

también. Debemos confiar en Jesús como un niño confía—totalmente.

Debido a esto, no importa el resultado final de esta enfermedad, ya no es la carga que antes era. Él no me hizo promesas ni tampoco me reveló el futuro, pero me proveyó el formato para vivir el resto de mi vida con sólo tres palabras: Confía en mí.

Bueno, Randy hizo esto desde ese momento en adelante. Confió en Jesús. La diferencia que hizo en su vida—el poder de su testimonio—y el número de personas a quienes ministró, se unieron para contar una historia maravillosa de lo que Jesús puede hacer por alguna persona.

Mi esposa Jerry dio un transplante de la médula ósea que extendió su vida por un año, pero Randy finalmente murió. Poco antes de su muerte me escribió una carta que incluía este párrafo:

> Pero la sanidad será más profunda que eso (que la sanidad física). Habrá completa reconciliación dentro de mi espíritu y mi alma tal como jamás he gozado antes. Verdaderamente siento las palabras escritas en *El libro de oración común* acerca de la reconciliación: «Ahora hay gozo en el cielo; porque te habías perdido, y eres hallado; porque eras muerto y has revivido en Cristo Jesús nuestro Señor. Ve en paz. El Señor ha quitado todos tus pecados. Demos gracias a Dios».

Randy proporcionó uno de los testimonios más poderosos de la integración de la oración en la vida de plenitud espiritual y de testimonio cristiano. Durante esta última semana estará viendo algunos recursos sobre la oración. El modelo de Randy es uno que quizás querrá explorar. Sobre todo, la lección que Randy aprendió es la lección que tenemos que aprender acerca de toda la vida, y la oración es la maestra principal. La lección es la invitación de Jesús que dice: «Confía en mí».

## DÍA UNO

*«Póngase en la presencia de Dios»*

Colosenses 1.23-27, VPEE:

*Pero para esto deben permanecer firmemente basados en la fe, sin apartarse de la esperanza que tienen por el mensaje del evangelio que oyeron. Éste es el mensaje que se ha anunciado en todas partes del mundo, y que yo, Pablo, ayudo a predicar. Ahora me alegro de lo que sufro por ustedes, porque de esta manera voy completando en mi cuerpo, lo que falta de los sufrimientos de Cristo por su iglesia que es su cuerpo. Dios ha hecho de mí un servidor de la iglesia, por el encargo que él me dio, para bien de ustedes, de anunciar en todas partes su mensaje, es decir, el designio secreto que desde hace siglos y generaciones Dios tenía escondido, pero que ha sido manifestado al pueblo santo. A ellos Dios quiso dar a conocer la gloriosa riqueza que ese designio encierra para todas las naciones. Y ese designio secreto es Cristo, que está entre ustedes y que es la esperanza de la gloria que han de tener.*

Siéntese quietamente por dos o tres minutos a concentrarse en este pasaje de las Escrituras: «*Y ese designio secreto es Cristo, que está entre ustedes y que es la esperanza de la gloria que han de tener*».

† † †

Jesús habló claramente acerca de una regla respecto a la oración: «*Pero tú, cuando ores, entra en tu cuarto, cierra la puerta y ora a tu Padre que está en secreto*» (Mateo 6.6 ). Al buscar una vida de oración viviente, debe haber ocasiones (y la mayoría de nosotros las necesitamos diariamente) en que deliberadamente nos ponemos en la pre-sencia de Dios. Éste es el momento cuando dejamos de estar «en otra parte» y nos encontramos allí, allí en nuestro cuarto, la puerta cerrada, a solas con Dios.

Esto no quiere decir que tenemos que estar en cierta habitación a cierta hora llevando a cabo algún ritual de oración establecido. Lo que quiere decir es que queremos estar en comunión con Dios lo bastante como para encontrar algún tiempo y un lugar donde podamos entregarnos a Dios en un acto de receptividad, y que trataremos de ser sinceros, dejando conscientemente que Dios influya nuestra mente, nuestro corazón y nuestra voluntad.

Esta aventura de seis semanas sobre la oración viviente es un recorrido de prue-ba (un ensayo general) de lo que pudiera llegar a ser un modelo progresivo para usted. En esta última semana de nuestra aventura con el cuaderno, estaremos explorando algunos posibles recursos para la oración, recursos que realzarán y enriquecerán su perío-do «a solas con Dios».

Hoy el enfoque está en el comienzo de su tiempo «a solas con Dios». Los santos de las edades que han descrito sus modelos de oración invariablemente comienzan con un ejercicio común. De un modo u otro deliberadamente se ponen en la presencia de Dios. La mayoría de los grandes hombres y mujeres de oración han insistido en que nuestra oración en secreto debe ser formal desde el principio.

Como lo consideramos la semana pasada, éste es un asunto de *atención*. Pero ahora nuestra atención está enfocada en un período definido de oración. Simone Weil nos recuerda que la oración es atención. Es dirigir hacia Dios toda la atención de la cual es capaz el alma.

Mucha gente descubre que tener un lugar específico para la oración cotidiana es una ayuda de incalculable valor. Cuando mis hijos estaban creciendo, descubrí que podía enfocar mejor mi atención en mi estudio, más que en cualquier otro lugar. Ahora que mis hijos ya no están en casa, mi lugar de oración es en nuestra sala. Tenemos un asien-to cerca de una ventana detrás del sofá. Allí tengo una Biblia, los libros que actualmente estoy usando para mi lectura devocional, un cuaderno de notas y un bolígrafo para tomar notas. Para usted, puede ser que una silla cómoda en el cuarto familiar o en la sala o en su recámara sea su «cuarto secreto». Conozco a un hombre de negocios que tiene una silla en un rincón de su oficina donde se encuentra con Dios.

El punto es que muchos de nosotros necesitamos un lugar al cual ir de manera deliberada. Venimos a «encontrarnos» con Dios. En un acto consciente de dedicación, volvemos nuestra atención a Dios.

Cómo enfocamos nuestra atención varía de persona a persona. Puede afectar o no nuestros *sentimientos*, pero en realidad es un asunto de la voluntad.

Aquí estoy, Señor. Estoy aquí para encontrarme contigo. Reconozco tu presencia. Voy a pasar este tiempo contigo. Ayúdame a comprender que estoy *en tu presencia*, que estás conmigo, aunque no sienta tu presencia.

Alguna gente descubre que, una vez se acomodan en su lugar, el comenzar este tiempo a solas con Dios orando (a veces en silencio, a veces en voz alta) el Padrenuestro, les ayuda.

De hecho, ésta es mi costumbre. Me levanto a las seis de la mañana y enciendo mi cafetera. Voy a mi lugar en la sala y sencillamente me siento allí en quietud, recordando que tengo una cita con Dios. Luego leo una porción de los escritos de Hannah Whitall Smith, un libro titulado *God Is Enough* (Sólo Dios basta). Es una manera efectiva de enfocar mi atención sobre lo que este período de tiempo significa. Voy a estar *intencionalmente* con Dios. Después de eso, oro de una manera muy específica—incluyendo mi intercesión por otras personas.

Para cuando termino de orar, el café está listo. Me sirvo una taza de café, regreso a mi silla y comienzo a leer las Escrituras. En estos momentos estoy usando una edición de la Biblia que está arreglada de tal manera que usted puede leer toda la Biblia en un año. La porción de lecturas de cada día incluye una sección del Antiguo y otra del Nuevo Testamento, un salmo y unos cuantos versículos de los Proverbios. Reflexiono en el significado de estas Escrituras para mi propia vida y termino con otro período de oración específica, dedicando mi vida—especialmente ese día en particular—y mis relaciones al Señor.

A intervalos a través de los años, utilizo un ejercicio que es muy significativo para mí. Cuando voy a mi rincón de devoción, me recuerdo a mí mismo que estoy allí para reunirme con Dios, me pongo de pie muy derecho y comienzo a respirar profundamente y a exhalar por completo. Trato de estar en control de mi cuerpo por medio de la respiración. Luego llevo a cabo un ejercicio de devoción relacionado a la respiración. Al inhalar profundamente, me digo a mí mismo: «El secreto es sencillamente esto: «¡*Cristo en vosotros*»! Contengo mi aliento al decirme además a mí mismo: «Sí, Cristo en mí». Luego exhalo completamente al terminar esta afirmación de las Escrituras: «*es la esperanza de la gloria que han de tener*»..

Repito esta respiración rítmica varias veces. No hay nada mágico acerca de esta clase de ejercicio; descubro que no sólo tengo mi cuerpo bajo control a través de la respiración. Además, enfoco mi mente en Cristo al sumergirme en esta gran afirmación—reclamando su presencia dentro de mí.

Usted descubrirá su propia manera de enfocar su atención, porque a menos que la oración comience con *atención*—deliberadamente poniéndose ante la presencia de Dios—es muy probable que no comience.

## Reflexionar y anotar

Experimente con este ejercicio de respiración y devoción. Primero, lea nuevamente el pasaje de las Escrituras impreso al principio de esta sesión.

Póngase de pie ahora y respire profundamente, contenga su aliento por un momento, luego exhale completamente. Hágalo rítmicamente ahora al llenar su mente con estos pensamientos:

*Inhalando*: «Ese designio secreto es Cristo, que está entre ustedes»
*Conteniendo el aliento*: «Sí, Cristo en mí».
*Exhalando*: «Es la esperanza de la gloria que han de tener».

Cuando haya repetido este modelo de respiración varias veces, acomódese en una posición relajada y continúe sus momentos de oración de la manera más significativa para usted.

## *Durante el día*

Si no lo ha hecho hasta ahora, grabe firmemente en su mente este versículo de las Escrituras. Córtelo de la página 157 para llevarlo consigo hoy.

*«Ese designio secreto es Cristo en:_____. Sí, Cristo en mí, la esperanza de la gloria que hemos de tener»*.

Durante el día, cuando esté cansado, nervioso, frustrado, abatido, inseguro o confuso, deje de hacer lo que está haciendo y haga este ejercicio de respiración al ritmo de este versículo de las Escrituras. No tan sólo ganará control de su estado físico y su perspectiva nuevamente, sino que estará lleno del poder y la seguridad del Cristo que está en usted.

No olvide la oración de Jesús: «Señor Jesucristo, Hijo de Dios, ten misericordia de mí, pecador». Siga usándola en sus interrupciones.

Ayer se le pidió tomar esta decisión: «Seré Cristo *para* o recibiré a Cristo *de* cada persona con quien me encuentre hoy». Renueve esa decisión y llévela a cabo hoy.

## DÍA DOS

*«No sólo de pan»*

Durante dos días se le ha pedido ser Cristo para otros o recibir a Cristo de cada persona con quien ha estado . ¿Hizo lo que se le pidió? Si así fue, anote aquí algunas cosas que sucedieron como resultado de ese esfuerzo deliberado.

¿Qué ha sucedido con el ejercicio de respiración y de devoción? ¿Tuvo oportunidad de probarlo? Anote aquí los resultados.

Juan Wesley escribió en cierta ocasión: «Sea que le guste o no, lea y ore todos los días. Es para bien de su vida, no hay otra manera, de otro modo será una persona frívola todos sus días... Haga justicia a su alma, déle el tiempo y los medios para crecer. Ya no se prive».[15]

Mateo 4.1-4:

*Entonces Jesús fue llevado por el Espíritu al desierto para ser tentado por el diablo. Después de haber ayunado cuarenta días y cuarenta noches, sintió hambre. Se le acercó el tentador y le dijo: Si eres Hijo de Dios, di que estas piedras se conviertan en pan. Él respondió y dijo: Escrito está: No sólo de pan vivirá el hombre, sino de toda palabra que sale de la boca de Dios.*

Deuteronomio 8.1-3:

*Cuidaréis de poner por obra todo mandamiento que yo os ordeno hoy, para que viváis, seáis multiplicados y entréis a poseer la tierra que Jehová prometió con juramento a vuestros padres. Te acordarás de todo el camino por donde te ha traído Jehová tu Dios en el desierto estos cuarenta años, para afligirte, para probarte, para saber lo que había en tu corazón, si habías de guardar o no sus mandamientos. Te afligió, te hizo pasar hambre y te sustentó con maná, comida que ni tú ni tus padres habían conocido, para hacerte saber que no sólo de pan vivirá el hombre, sino de todo lo que sale de la boca de Jehová vivirá el hombre.*

Jesús estaba preparado para enfrentarse con el diablo en el desierto. Había hecho justicia a su alma, por haber vivido con las Escrituras. Así que cuando, al sentir hambre, vino la tentación de convertir las piedras en pan, la mente de Jesús regresó al recorrido fatigoso en el desierto que sus antepasados realizaron y la lección que Dios les había enseñado: «*No sólo de pan vivirá el hombre*».

Al incluir las Escrituras como parte de nuestra aventura cotidiana he estado diciendo implícitamente lo que quiero hacer explícito ahora: *Las Escrituras son un recurso fundamental para la oración.* Es imposible para mí imaginar que podamos cultivar una vida significativa de oración sin vivir con las Escrituras.

Hay muchas maneras para leer y estudiar la Biblia. Nuestro enfoque aquí es en leer la Biblia como parte de nuestro orar. Tal lectura, aunque informada por nuestro mejor entendimiento de las Escrituras, no debe ser laboriosa o primordialmente crítica. (Hay cabida para el estudio crítico.) Más bien, necesitamos leer creyendo que mediante la Biblia, Dios le va a hablar. Acérquese a la lectura con la actitud de que está entrando en la tierra del Espíritu. El pueblo de Dios ha compartido su aventura de fe y ahora usted va unirse a la aventura. Esté a la *expectativa* de los descubrimientos que hará.

*Deliberadamente entréguese a la tarea.* Siga preguntando: «¿Soy yo?» Esté listo para alguna revelación. Deje que la lectura lo escudriñe y aun lo acuse. Deje que lo consuele y lo sane. Acepte el desafío o la dirección que se aplique a usted.

*Compruébelo a través de Jesús.* La Biblia es la historia de hombres y mujeres buscando a tientas a Dios, su lucha por ser el pueblo de Dios, sus tropiezos y su entendimiento de quién es Dios y lo que Dios esperaba de ellos. Así que necesitamos usar nuestro mejor entendimiento de los Evangelios para descubrir quién es este Jesús, qué enseñó y cómo esas enseñanzas fueron apropiadas por sus contemporáneos. Necesitamos involucrarnos con este Jesús, para vivir con él según el testimonio que se nos revela en el Nuevo Testamento. Comprobamos el testimonio de la Biblia a través de Jesús.

*Recuerde que la Biblia pertenece a la vida humana.* Vino de la experiencia de carne y hueso, de los problemas oscuros de la existencia humana y de la luz brillante de la comunión divina-humana. Por lo tanto, es la palabra de Dios a través de los seres humanos para los seres humanos.

Al usar las Escrituras como un recurso para la oración, debemos leer según el pensamiento, el incidente o la lección. No trate de leer todo un capítulo o todo un libro. Lea buscando el mensaje. Pueden ser unos cuantos versículos o muchos.

Para su reflexión hoy, permanezca meditando en el tema del pan al considerar un pasaje de Juan.

Juan 6.30-40:

*Entonces le dijeron: «¿Qué señal, pues, haces tú, para que veamos y te creamos? ¿Qué obra haces? Nuestros padres comieron el maná en el desierto, como está escrito: 'Les dio a comer pan del cielo'». Y Jesús les dijo: «De cierto, de cierto os digo: Moisés no os dio el pan del cielo, pero mi Padre os da el verdadero pan del cielo, porque el pan de Dios es aquel que descendió del cielo y da vida al mundo». Le dijeron: «Señor, danos siempre este pan». Jesús les respondió: «Yo soy el pan de vida. El que a mí viene nunca tendrá hambre, y el que en mí cree, no tendrá sed jamás. Pero ya os he dicho que, aunque me habéis visto, no créeis. Todo lo que el Padre me da, vendrá a mí, y al que a mí viene, no lo echo fuera. He descendido del cielo, no para hacer mi voluntad, sino la voluntad del que me envió. Y la voluntad del Padre que me envió es que no pierda yo nada, sino que lo resucite en el día final. Y ésta es la voluntad del que me ha enviado: que todo aquél que ve al Hijo y cree en él tenga vida eterna; y yo le resucitaré en el día final».*

## Reflexionar y anotar

Experimente nuevamente con el método de descubrimiento que usó el Día Tres de la semana pasada al reflexionar sobre el pasaje de las Escrituras que aparece arriba. Quizá querrá leerlo de nuevo.

1. ¿Que dicen las Escrituras? Aunque toda lectura implica interpretación, no deje que eso oscurezca lo que realmente está en el texto. Sencillamente trate de oir lo que dice. Comente en sus propias palabras lo que significa.

2. ¿Qué significa la Escritura para usted en este momento? ¿Qué está tratando de decir Jesús? Trate de interpretar, de descubrir el significado detrás de las palabras.

Nota: A través de las edades, los cristianos han encontrado que es de gran ayuda el comparar sus interpretaciones de las Escrituras con las interpretaciones que el Espíritu le ha dado a la comunidad entera. Usted, también, querrá ofrecer su entendimiento de las Escrituras a otros que comparten esta aventura con usted.

3. Si decidiera responder al mensaje de esta porción de la Escritura, ¿qué significaría eso? ¿Habría algunos cambios en su vida? ¿Qué cambios? Si acepta esta palabra como la palabra de Jesús para usted hoy, ¿cómo respondería? Escriba sus contestaciones en seguida.

Pase a tener un breve tiempo de oración. Tal vez querrá usar el ejercicio de devoción y respiración sugerido ayer. Acomódese en una posición relajada y continúe su período de oración en cualquier forma que sea significativa para usted. Su experiencia con las Escrituras probablemente pueda ser el foco de su oración.

## Durante el día

Continúe usando la «oración de Jesús» en sus interrupciones.

Busque en la biblioteca de su casa las diferentes traducciones de la Biblia que tiene. Si no tiene una buena traducción moderna (*Versión Popular, Biblia de Jerusalén, Versión Reina-Valera 1995, Versión Latinoamérica, Nueva Versión Internacional*), le invito a hacerse un regalo. Si no puede encontrar una librería local, mande a pedir una Biblia a la casa de publicaciones de su iglesia. Consiga una copia del Nuevo Testamento o de toda la Biblia en varias versiones. Comúnmente un tomo incluirá sólo cuatro versiones. (Usted puede seleccionar un tomo que incluya algunas de sus traducciones favoritas.) Tal vez tendrá que pedirlo por correo.

El propósito detrás de usar diferentes traducciones no es encontrar una que se preste a lo que le gustaría que diga, sino que usted se exponga a diferentes posibilidades para que Dios se dirija a usted a través de las Escrituras. A veces ésta es una experiencia consoladora; a veces nos hace enfrentar cosas que no queremos oír. Puesto que confiamos en la bondad de Dios, podemos abrirnos a cualquier cosa que Dios quiera decirnos.

Si no tuvo la oportunidad de probar el ejercicio de devoción y respiración durante el día ayer, mantenga el asunto en mente para hoy. Si lo hizo y hoy se vuelve a presentar otra oportunidad para usarlo, hágalo.

# Día Tres

*«El estar quieto ante la Palabra».*

La imaginación y la meditación son grandes recursos para la oración. Se han escrito libros enteros sobre la meditación así como sobre la oración mental. En este cuaderno sencillamente quiero introducir una posibilidad para el uso de la imaginación y la meditación con las Escrituras como una manera de intensificar su vida de oración.

Aquí tenemos unas directrices para esta manera de orar:

1. *Céntrese, poniéndose deliberadamente ante la presencia de Dios.* Consideramos este primer paso en la oración el Día Uno de esta semana. (Quizá querrá repasarlo.)

2. *Esté quieto ante la Palabra.* Seleccione un pasaje de las Escrituras (las parábolas de Jesús especialmente se prestan para este tratamiento). Lea el pasaje lentamente, dándole su completa atención.

3. *Esté pasivamente disponible.* No trate de resolver las cosas, sino mantenga su mente abierta a la dirección y las sugerencias. No trate de imponer su racionalización o su lógica a las Escrituras en este momento.

4. *Deliberadamente enfoque su mente en las Escrituras.* Deje que su imaginación se vuelva activa, cooperando con Dios al estar consciente de cualquier pensamiento o sentimiento que surja al examinar el contenido de las Escrituras que está considerando. Esta cooperación puede tomar varias formas. La lucha y la búsqueda honesta son señales de su buena voluntad y su sinceridad para oír la palabra de Dios dirigida a usted. Cuando se encuentre luchando con una enseñanza difícil o confusa, ¡asegúrese de que sea una lucha cooperativa!

5. *Escuche a las Escrituras hablándole a usted.* Trate de imaginar lo que sentiría si fuera una de las personas en las Escrituras. Trate de ponerse en contacto con sus propios sentimientos al responder a la acción, a las relaciones o actitudes presentes en las Escrituras con las cuales está viviendo.

6. *Haga cualquier aplicación a su vida que parezca apropiada.* Confronte los sentimientos que surjan.

En seguida tenemos un breve ejemplo:

Lucas 18.10-14:

*Dos hombres subieron al templo a orar: uno era fariseo y el otro publicano. El fariseo, puesto en pie, oraba consigo mismo de esta manera: «Dios, te doy gracias porque no soy como los otros hombres: ladrones, injustos, adúlteros, ni aun como este publicano; ayuno dos veces a la semana, diezmo de todo lo que gano». Pero el publicano, estando lejos, no quería ni aun alzar los ojos al cielo, sino que se golpeaba el pecho, diciendo: «Dios, sé propicio a mí, pecador». Os digo que éste descendió a su casa justificado antes que el otro, porque cualquiera que se enaltece será humillado, y el que se humilla será enaltecido.*

*Mi reacción*

¡Quiero ser alguien! Soy alguien, pero no siempre lo he reconocido. ¿Qué quiso decir Jesús con esto de que «*cualquiera que se enaltece será humillado*»?

*Alguien* y *nadie* son palabras grandes para mí —muy grandes. Después de salir de la pobreza y la privación cultural, he luchado con ese asunto de «alguien/nadie». Hay resentimientos profundos royendo mi vida, mi persona. Gran parte de mi vida la he pasado tratando de ser *alguien*, tratando de probarle a la gente que yo no soy un don *nadie*.

Aunque tomo en cuenta mi pasado y he vencido mis resentimientos, todavía caigo en la trampa. A veces quiero ponerme en medio de la multitud y decir: «Miren, he triunfado. Soy digno de su aceptación; lo he demostrado». ¿Era esto lo que le pasaba al fariseo? Se había esforzado mucho en su religión. Yo me he esforzado mucho en la mía. He tratado de ser *bueno*—he sido *bueno*. No puedo decir, como él, que no soy codicioso, porque sí me encuentro tratando de arrebatar *cosas* ávidamente. Soy honesto. Soy puro, no siempre puro en mi pensamiento y mis actitudes, pero puro en mis actos públicos—cuando menos la mayor parte del tiempo. Doy mi diezmo. Oro. ¡Incluso ayuno a veces! Eso debe tener algún valor. ¡Por supuesto! Me puedo identificar con ese fariseo en medio del templo.

El publicano allá en el rincón—me puedo identificar con él también. No de la misma manera de ser un pecador flagrante rogándole a Dios por misericordia, sino clamando por alguna señal de la presencia de Dios. Estoy atrapado—o siento que lo estoy. No quiero ser religioso como ese fariseo; pero en mi ministerio particular, la gente quiere ponerme en un molde de rectitud—pienso que esperan más poder espiritual de mí que lo que poseo. Voy a alguna parte a enseñar acerca de la oración y la gente quiere «un gigante del espíritu» que se pare entre ellos y les enseñe cómo orar. Quiero escurrirme a un rincón y pedir misericordia para mí. ¡Y lo hago!

Supongo que me encuentro entre el fariseo y el publicano. Quiero ser *alguien*. No quiero ser un don nadie, una persona insignificante. Soy alguien. ¡Te oigo, Jesús! El ser alguien y el fingir ser alguien son dos cosas diferentes. El alguien que soy seguirá resistiendo los esfuerzos de la gente para hacer de mí un *gigante espiritual* falso. El alguien que soy continuará sintiendo necesidad de misericordia y perspectiva. El alguien que soy continuará siendo el alguien que consigue su identidad y sentido de valor propio de lo que soy interiormente y de la integridad que siento. Seré humilde en mi relación contigo y con otros —¡cuando menos trataré de serlo! No voy a exaltarme ni trataré de probar quién soy. Trataré de ser uno de tus inimitables personajes entre todos los personajes del mundo. Seguiré tratando de no pensar que otras personas no son *nadie*.

# Reflexionar y anotar

Repase las directrices y aplíquelas a su consideración de la conocida parábola del hijo pródigo. Esté quieto/a según la manera sugerida.

Lucas 15.11-32:

*También dijo: Un hombre tenía dos hijos; y el menor de ellos dijo a su padre: «Padre, dame la parte de los bienes que me corresponde». Y les repartió los bienes. No muchos días después, juntándolo todo, el hijo menor se fue lejos a una provincia apartada, y allí desperdició sus bienes viviendo perdidamente. Cuando todo lo hubo malgastado, vino una gran hambre en aquella provincia y comenzó él a pasar necesidad. Entonces fue y se arrimó a uno de los ciudadanos de aquella tierra, el cual le envió a su hacienda para que apacentara cerdos.Deseaba llenar su vientre de las algarrobas que comían los cerdos, pero nadie le daba. Volviendo en sí, dijo: «¡Cuántos jornaleros en casa de mi padre tienen abundancia de pan, y yo aquí perezco de hambre! Me levantaré e iré a mi padre, y le diré: 'Padre, he pecado contra el cielo y contra ti. Ya no soy digno de ser llamado tu hijo; hazme como a uno de tus jornaleros'». Entonces, se levantó y fue a su padre. Cuando aún estaba lejos, lo vio su padre y fue movido a misericordia, y corrió y se echó sobre su cuello y lo besó. El hijo le dijo: «Padre, he pecado contra el cielo y contra ti, y ya no soy digno de ser llamado tu hijo». Pero el padre dijo a sus siervos: «Sacad el mejor vestido y vestidle; y poned un anillo en su dedo y calzado en sus pies. Traed el becerro gordo y matadlo, y comamos y hagamos fiesta, porque éste mi hijo muerto era y ha revivido; se había perdido y es hallado». Y comenzaron a regocijarse. El hijo mayor estaba en el campo. Al regresar, cerca ya de la casa, oyó la música y las danzas; y llamando a uno de los criados le preguntó qué era aquello. Él le dijo: «Tu hermano ha regresado y tu padre ha hecho matar el becerro gordo por haberle recibido bueno y sano». Entonces se enojó, y no quería entrar. Salió por tanto su padre, y le rogaba que entrara. Pero él, respondiendo, dijo al padre: «Tantos años hace que te sirvo, no habiéndote desobedecido jamás, y nunca me has dado ni un cabrito para gozarme con mis amigos. Pero cuando vino este hijo tuyo, que ha consumido tus bienescon rameras, has hecho matar para él el becerro gordo». Él entonces le dijo: «Hijo, tú siempre estás conmigo y todas mis cosas son tuyas. Pero era necesario hacer fiesta y regocijarnos, porque este tu hermano estaba muerto y ha revivido; se había perdido y ha sido hallado».*

**Mi reacción** (Escriba su reacción aquí.)

## *Durante el día*

Ya se le pidió una vez que compartiera con alguien que no es parte de esta aventura lo que esta experiencia significa para usted. Haga eso otra vez hoy—tal vez con la misma persona (si se puede acordar), poniendo a esa persona al corriente respecto a dónde se encuentra en esta experiencia. Tal vez querrá compartir con más de una persona si se presenta la ocasión, pero cuando menos comparta con una persona.

Siga usando sus señales para llamarle a la oración.

# DÍA CUATRO

### *El orar usando los Salmos*

Otro recurso significativo para ayudarle a orar son los Salmos. Los Salmos fueron usados como el «libro de oración» del antiguo Israel y, sin duda, por Jesús. Jesús murió con un salmo en sus labios y, estoy seguro, con un salmo en su corazón.

Yo vuelvo a este recurso con frecuencia y mi plan es sencillo. Comienzo con el primer salmo y leo hasta que cierto salmo se apodera de mí, hasta que una chispa se enciende en mi alma. Reflexiono sobre él y dejo que penetre en mi mente. Me apropio de él; y lo relaciono a ese momento en particular de mi vida donde me encuentro.

El día siguiente comienzo donde terminé el día anterior. Leo hasta que mi mente encuentra algún pensamiento o verdad pertinente. Sigo ese proceso hasta terminar los Salmos. Pongo los Salmos a un lado y busco otro recurso. He regresado a los Salmos en otras ocasiones para encontrar, en otra peregrinación a través de ellos, que nuevas chispas, diferentes a las lecturas anteriores de los Salmos, se enciendan.

Generalmente escribo mis oraciones y mis reacciones a estos Salmos en un diario espiritual. Descubro que puedo regresar y leer los pensamientos, los sentimientos y las oraciones de días anteriores como un recurso para mis momentos de oración ahora.

Aquí está un ejemplo. En una de mis peregrinaciones llegué al Salmo 19 y comencé a leer:

Salmo 19.1-9:

> *Los cielos cuentan la gloria de Dios*
> *y el firmamento anuncia la obra de sus manos.*
> *Un día emite palabra a otro día*
> *y una noche a otra noche declara sabiduría.*
> *No hay lenguaje ni palabras*
> *ni es oída su voz.*
> *Por toda la tierra salió su voz*
> *y hasta el extremo del mundo sus palabras.*
> *En ellos puso tabernáculo para el sol;*
> *y éste, como esposo que sale de su alcoba,*
> *se alegra cual gigante para correr el camino.*
> *De un extremo de los cielos es su salida*
> *y su curso hasta el término de ellos.*

*Nada hay que se esconda de su calor.*
*La ley de Jehová es perfecta:*
*convierte el alma;*
*el testimonio de Jehová es fiel:*
*hace sabio al sencillo.*
*Los mandamientos de Jehová son rectos:*
*alegran el corazón;*
*el precepto de Jehová es puro:*
*alumbra los ojos.*
*El temor de Jehová es limpio:*
*permanece para siempre;*
*los juicios de Jehová son verdad:*
*todos justos.*

(En otra peregrinación, las palabras que me llamaron la atención fueron: *la ley, el testimonio, los preceptos, los mandamientos, el temor y los juicios del Señor*—pero no en esta mañana en particular. Seguí leyendo.)

Salmo 19.10-13:

*Deseable son más que el oro,*
*más que mucho oro refinado;*
*y dulces más que la miel,*
*la que destila del panal.*
*Tu siervo es, además, amonestado con ellos;*
*en guardarlos hay gran recompensa.*
*¿Quién puede discenir sus propios errores?*
*Líbrame de los que me son ocultos.*
*Preserva también a tu siervo de las soberbias,*
*que no se enseñoreen de mí;*
*Entonces seré íntegro*
*y estaré libre de gran rebelión.*

Casi me paré de sopetón, casi abruptamente. Las palabras comenzaron a dar vuelta en mi mente.

¿Quién puede discenir sus propios errores?

*Líbrame de los que me son ocultos.*
*Preserva también a tu siervo de las soberbias,*
*que no se enseñoreen de mí.*

Despues de reflexionar por un tiempo, dejando que el salmo diera vuelta en mi mente y corazón, escribí en mi diario:

Señor, aquí es donde me encuentro; ésta es mi necesidad. Apenas anoche Jerry (mi esposa) me recordó cómo la lastimé unas horas antes en este día. Un amigo había venido; estábamos emocionados. La conversación corrió como un arroyo. Pero yo la «acaparé» para mí solo. Jerry trató dos veces de compartir de lo profundo de su ser, queriendo poner a Gary al corriente respecto a su propio peregrinaje. Dos veces la había interrumpido sin dejarla compartir, por esta tan interesado estaba sólo en mí. No sabía que lo había hecho hasta que ella valientemente me confrontó. ¡Gracias, Dios, por su valor !Ella me confrontó sólo después de que hice lo que creí era un comentario perceptivo acerca de otra pareja que estaba con nosotros: «Ellos indudablemente no tienen buenas relaciones el uno con el otro—parece que no se comunican para nada—hablando sin tomarse en cuenta el uno al otro».Ella no pudo reprimir su molestia, así que me hablo de mi insensibilidad. Líbrame de los [errores] que me son ocultos. Ví la paja en los ojos de mis amigos pero no estaba cons-ciente de la viga en los míos. Preserva también a tu siervo de las soberbias, que no se enseñoreen de mí. Soy tan presuntuoso, Señor. Perdóname.

Compartí mi experiencia respecto a la oración con Jerry ese mismo día. Así que, no tan sólo pedí perdón a Dios por mis faltas ocultas y mi soberbia; busqué dar cumplida satisfacción a mi esposa por mi insensibilidad.

## *Reflexionar y anotar*

Constantemente me asombro de que casi todos los días encuentro algo para mi reflexión, confesión, afirmación, acción de gracias, intercesión y celebración en los Salmos. Creo que a usted también le pasará lo mismo. Inténtelo.

1. Abra su Biblia en los Salmos. Comience a leer el primer salmo. Lea hasta que algo llame su atención. Anote aquí la porción del salmo en la que se enfocó.

Ahora, deje que las palabras cobren vida en su mente. Medite en ellas. ¿Qué significan estas palabras para usted ahora? Viva con ellas por un rato.

†††

2. Escriba su reacción en el espacio que sigue—tal vez como una oración, tal vez sólo como una expresión de sus sentimientos.

## *Durante el día*

Seleccione un versículo o sección del salmo que ha estado considerando y apréndaselo de memoria. Si no tiene tiempo para memorizarlo, escríbalo en un pedazo de papel y llévelo consigo durante el día. Considérelo con frecuencia para recordar esta experiencia.

# DÍA CINCO

*«Sature su alma en los grandes modelos»*.

Comience con los Salmos donde dejó de leer ayer. Lea hasta que llegue a los pensamientos, sentimientos y peticiones que lo inspiran hoy. Anote esos versículos aquí.

Deje que estos versículos fermenten en su mente. ¿Qué quieren decirle a usted en estos momentos? Pondere su reacción por unos cuantos minutos.

† † †

En 1974 acababa recientemente de comenzar mi ministerio con El Aposento Alto, buscando inspirar, motivar y proveer recursos para que la gente recuperara una vida vital de oración. Tuve la oportunidad de pasar un par de horas con Elton Trueblood, uno de los grandes ejemplos e intérpretes de la vida cristiana en nuestros tiempos. El Dr. Trueblood era cuáquero, así que proviene de una herencia magnífica de oración y piedad personal. Le pregunté al Dr. Trueblood: «Si a usted le dieran este ministerio, ¿cómo empezaría?, ¿qué haría»?

Entre las muchas cosas que dijo, ésta todavía se destaca: «De cualquier modo que lo hagas, Maxie, trata de motivar a la gente a saturar su alma en los grandes modelos. Trata de lograr que vivan con las personas santas, los libros clásicos de la oración y de peregrinaje espiritual».

En el ascensor, yendo a mi cuarto en otro piso del hotel donde el Dr. Trueblood y yo nos hospedábamos ese día, me sentí seguro de que lo que me había dicho era verdad. Al reflexionar sobre ello, como un testigo confirmando su verdad, las palabras de Frank Laubach, uno de esos modelos modernos en quien necesitamos «saturar nuestra alma», vinieron claramente a mi mente.

Escalé «Signal Hill» detrás de mi casa hablando y escuchando a Dios mientras subía, al regreso y durante toda la encantadora media hora en la cima. ¡Y Dios me habló!... Abajo estaban los arrozales y al mirar el paisaje, escuché mi lengua decir en voz alta: «Hijo mío, así como el arroz necesita el sol todos los días, porque no crecería si sólo tuviera sol una vez a la semana o una hora al día, tú me necesitas todo el día cada día. La gente alrededor del mundo se está marchitando porque está abierta a Dios sólo rara vez. No basta cada minuto del día».

Hace algunos meses, trataba de escribir un capítulo sobre «el descubrimiento de Dios». Ahora que ya he descubierto [a Dios], encuentro que es un descubrimiento continuo. Cada día es magnífico con nuevos descubrimientos de [Dios] y de su obra. Al hacer nuevos descubrimientos acerca de los amigos [de Dios] al estar con ellos, uno descubre la «individualidad» de Dios si uno hospeda [a Dios] continuamente. Una cosa que he visto esta semana es que Dios ama la hermosura. Todo [lo que Dios] hace es hermoso. Las nubes, el río saltando alegremente, el lago ondulante, el águila remontándose, una hoja angosta de pasto, el susurro del viento, la mariposa revoloteando, este agraciado hijo transparente y sin nombre del lago que se adhiere a mi ventana por una hora y desaparece para siempre. ¡Hermosa obra de Dios! Y yo sé que [Dios] hace mi pensar hermoso cuando estoy receptivo/a todo el día a [Dios]. Si abro estas ventanas de la mente de par en par y digo: «Dios, ¿en qué pensaremos ahora»? [Dios] contesta siempre en un sueño lleno de gracia y de ternura.

Y yo sé que Dios está lleno de amor… constantemente señalándome a alguna alma insípida y muerta a quien [Dios] jamás ha alcanzado y con anhelo me insta a ayudarle a alcanzar esa mente impasible y cerrada. Oh Dios, anhelo ayudarte con estos marasmos. ¡Y con estos norteamericanos! ¡Y con estos filipinos¡ Todo el día veo almas muertas a Dios mirar tristemente con ojos hambrientos. ¡Quiero que ellos sepan de mi descubrimiento! ¡Que cualquier minuto puede ser el paraíso, que cualquier lugar puede ser el cielo! ¡Que [cualquiera] puede tener a Dios! ¡Que [todos] tienen a Dios desde el momento que él [o ella] le habla a Dios o está atento a [Dios]![16]

Me había aprendido esa carta de memoria hace años cuando, como un joven ministro acabando de salir del seminario, me encontraba en mi primera iglesia; estaba tomando unos pasos deliberados, aunque torpes en mi peregrinage de oración. Habían pasado años desde que yo había vivido con los clásicos y los grandes modelos de la oración. Había seguido adelante hacia lo que creía eran expresiones más modernas, más pertinentes, pero la profundidad de estas experiencias todavía estaban grabadas en mi alma. Todavía podía citar de memoria muchos de los pasajes.

Un amigo me dio *The Joy of the Saints* (El gozo de los santos) como un regalo de Navidad en 1992. Es una colección de lecturas espirituales de los «santos»—una lectura para cada día del año. Lo usé en mis períodos de devoción durante 1993. Antes de comenzar a trabajar en esta nueva revisión del *Cuaderno de la oración viviente*, leí la selección para el primero de octubre de *The Joy of the Saints* (El gozo de los santos). Comienza con esta oración de Thérèse de Lisieux: «Es la voluntad de Dios aquí en la tierra que distribuyamos el uno al otro mediante la oración los tesoros con los cuales [Dios] nos ha enriquecido». No puedo sacar esa oración de mi mente. Es un pensamiento nuevo para mí—cuyo significado aún no he apropiado—pero, ¡qué declaración tan desafiante! Mediante nuestras oraciones distribuimos el uno al otro los «tesoros» con los cuales Dios nos ha enriquecido.

Otra verdad poderosa a considerar de *The Joy of the Saints* (El gozo de los santos) es la lectura para el 30 de septiembre, de Agustín: «Creemos, no porque sabemos sino para que lleguemos a conocer». Comparto mi propia experiencia sencillamente para subrayar los recursos excelentes que los grandes modelos proveen.

## *Reflexionar y anotar*

«Sature su alma» durante unos minutos en esta oración de San Francisco de Asís, uno de los grandes modelos: «Te imploro, oh Señor, que la fuerza ardiente y dulce de tu amor pueda absorber mi alma de todas las cosas debajo de los cielos y que pueda morir por amor de tu amor como tú te dignaste morir por amor de mi amor».[17]

† † †

Ahora escriba en sus propias palabras una oración que exprese el mismo deseo de San Francisco. Escriba su oración a continuación.

## Durante el día

¿Tiene en su biblioteca algún clásico de la vida espiritual? Si es así, écheles una mirada en algún momento hoy. Tal vez le gustaría comenzar a leer uno de ellos.

Si no tiene ninguno de ellos, llame a la biblioteca de su iglesia o a la biblioteca pública. Es muy probable que encuentre algunos de ellos. Haga los arreglos necesarios para tomar uno prestado para leer en los días siguientes.

Siga buscando conscientemente relacionar toda la vida a Dios usando las señales que son significativas para usted.

DÍA SEIS

«Cantando el canto del Señor»

Aquí están los primeros tres versículos del Salmo 88:

> JEHOVÁ, Dios de mi salvación,
> día y noche clamo delante de ti.
> ¡Llegue mi oración a tu presencia!
> ¡Inclina tu oído hacia mi clamor!,
> porque mi alma está hastiada de males
> y mi vida cercana al seol.

Aquí están los primeros dos versículos del Salmo 89:

> Las misericordias de JEHOVÁ cantaré perpetuamente;
> de generación en generación haré notoria tu fidelidad con mi boca.
> Dije: «Para siempre será edificada la misericordia;
> en los cielos mismos afirmarás tu fidelidad».

Los estados mentales y de ánimo del salmista al orar marcan un contraste dramático. En el Salmo 88 una persona cuya «alma» está llena de problemas clama al Señor. El Salmo 89 es un canto de gozo a Dios cuya fidelidad el salmista ha experimentado ya que «en los cielos mismos afirmarás tu fidelidad» y «para siempre será edificada la misericordia».

Ambos salmos son las expresiones honestas de una persona en oración, que espera en el Señor y comparte desde lo profundo de su alma.

El salmista no se encontraba sin palabras para expresar esos sentimientos. A veces no tengo palabras y por lo tanto he descubierto una fuente de oración que enriquece mi vida. La descubrí hace ocho años, así que no fue incluído en el *Cuaderno de la oración viviente* original. No sé porqué me tardé tanto. Muchas guías a la oración, tales como *A Guide to Prayer for Ministers and Other Servants* (*Una guía de oración para ministros y otros siervos*) de Rueben P. Job y Norman Shawchuck, y su secuela, *A Guide to Prayer for All God's People* (*Una guía de oración para todo el pueblo de Dios*), incluye un himno para cada día. Pero jamás pensé en cantar esos himnos; leía las palabras.

Pasaba por una temporada árida en mi vida de oración y le confesé esto a una persona que me estaba asesorando. Él se sorprendió que yo compartiera con él mi propia lucha. Lo que pasa a menudo cuando somos sinceros y vulnerables el uno con el otro es que el ministerio fluye en ambas direcciones. Este compañero dijo: «Déjame decirte lo que hago cuando no puedo orar». Luego dijo que el pastor fundador de la congregación a la que sirvo, la Iglesia Metodista Unida Christ en Memphis, el Dr. Charles Grant, le había sugerido esto hace años. «Canto», dijo. «Canto algunos de los himnos que sé de memoria». Luego agregó con una sonrisa irónica: «¿Por que no lo intentas?»

Bueno, lo hice y ha sido una experiencia maravillosa.

Uso este recurso de cantar específicamente cuando dos situaciones extremas están sucediendo en mi vida. Una, cuando mi gozo y mi felicidad son tan grandes que no puedo encontrar palabras para expresar mi gratitud a Dios, canto. Dos, cuando me siento entumecido, torpe y seco. También canto cuando me siento desesperado, confuso o frustrado.

Tengo un himnario en el lugar de mi oración y devoción matutina. A veces sencillamente puedo hojear el himnario y encontrar un himno que me llama la atención. Pero la mayoría de las veces, sencillamente canto de memoria. Hace veinte años, cuando primero escribí este cuaderno, si hubiera usado el recurso del canto, hubiera estado cantando los grandes himnos de la iglesia y algunos de los himnos evangélicos que aprendí en la iglesia rural de mi niñez. Todavía los canto en ocasiones, pero con más frecuencia canto alguna música de alabanza contemporánea como:

> Cristo, Jesucristo es un nombre sin igual.
> Verbo, Dios es Cristo, como olor a lluvia es Él.
> Cristo, Jesucristo, cielo y tierra gloria den.
> Reyes, reinos al fin pasarán,
> mas su nombre es eternal. (*Mil Voces para Celebrar, # 74*)

Cuando siento desesperación, dolor o confusión y no puedo enfocarme para aclarar mis pensamientos y sentimientos o pronunciar palabra alguna, sencillamente canto un himno de Jesús y éste se convierte en mi oración. Anteriormente en el cuaderno hablamos acerca de orar en el nombre de Jesús y en el poder de su nombre. Éste es un ejemplo vívido de esto para mí. Solo el centrar mi corazón en Jesús al cantar llega a ser una experiencia transformadora. Y sencillamente confío que el Señor tomará esa expresión como el clamor profundo del corazón de aquello que está pasando dentro de mí, o como dijera Pablo: *«gemidos indecibles»*.

Hay otra dimensión en todo esto. Tenemos un cuadro de ello en el Salmo 137. Los hijos de Israel estaban exiliados en Babilonia. Allí se encontraban ellos, no como turistas voluntarios, sino como botín de guerra. Estaban en el exilio en una tierra que no tenía nada más que desprecio para Dios. Cuando uno de esos exiliados regresó años más tarde y reflexionó en su experiencia, escribió estas palabras que son unas de las más conmovedoras en la Biblia:

Salmo 137.1-3:

> *Junto a los ríos de Babilonia,*
> *allí nos sentábamos y llorábamos*
> *acordándonos de Sión.*
> *Sobre los sauces, en medio de ella,*
> *colgamos nuestras arpas.*
> *Y los que nos habían llevado cautivos*
> *nos pedían canticos,*
> *los que nos habían desolado nos pedían alegría, diciendo:*
> *«Cantadnos algunos de los cánticos de Sión».*

Cuando esa petición se les hizo a ellos—«*Cantadnos algunos de los cánticos de Sión*»—el salmista hizo la pregunta indagadora: «*¿Cómo cantaremos un cántico de Jehová en tierra de extraños?*». Pero Israel hizo precisamente eso a través de su historia. Cantaron el cántico del Señor. Así en las tierras extrañas de nuestra experiencia de devoción como en nuestra vida actual, el cantar puede ser una gran fuente para testificar de nuestra fe, recordándonos quiénes somos y de quién somos, y uniéndonos a la comunidad de fe que a través de los siglos se ha mantenido valiente y comprometida aun en medio de las dificultades.

Todo esto puede ser parte del testimonio que ofrecemos al usar este recurso del canto en nuestra vida.

## Reflexionar y anotar

¿Por qué no hace la prueba ahora? Si está en un lugar donde puede cantar en voz alta, cante el primer himno o canto cristiano que le venga a la mente. Si no se encuentra en un lugar donde puede cantar en voz alta, cante en su mente. No sólo recuerde las pala-bras en su mente; recuerde la tonada que corresponde a la letra. Es lo más cerca que llegará a cantar en voz alta, y la música es tan importante como las palabras.

## Durante el día

Continúe usando este recurso del canto al orar. Estará en lugares durante el día donde pueda cantar. Cante entonces.

# Día Siete

*La oración y la acción—«La gloria de Dios es cada uno de nosotros totalmente consciente».*

«Hay una cierta clase de demonios que sólo se puede ahuyentar con la oración» —los demonios de la sordera a Dios, la mudez en la acción de gracias, la autosuficiencia, la inquietud, la desesperación y la reclusión. Sin embargo, hay otra clase que sólo se puede ahuyentar por la acción—los demonios de la ilusión, el sentimentalismo, el infantilismo, el narcisismo y la pereza. Así que si cultivamos la oración exclusivamente, albergamos la segunda parte; y si cultivamos la acción exclusivamente, hospedamos la primera parte.

El cristianismo deja la distinción famosa y falsa entre la acción y la contemplación muy atrás: es participación; su oración es el amor en acción y su acción es inspirada por el amor. Dios no es el objeto ni la meta fija de nuestra búsqueda; [Dios] es su principio activo, su causa y su fuerza motriz. El amor no está hecho para ser amado, sino para ser amable.[18]

El Día Seis de la semana pasada consideramos el tener conciencia como el significado principal del orar sin cesar. Las cuatro dimensiones de tener conciencia son tener conciencia de sí mismo, tener conciencia de las otras personas, tener conciencia del mundo, tener conciencia de Dios. La verdad es que todas estas dimensiones están correlacionadas. No hay ninguna medida clara para determinar el tener conciencia de sí mismo o de otras personas o tener conciencia de Dios. El estar vivos realmente es tener conciencia de todas estas dimensiones. Y «la gloria de Dios» dijo Ireneo, «es el hombre totalmente consciente».

No importa la técnica que usemos, la dinámica de la oración es la comunión con Dios. La meta de la oración es una vida de amistad y compañerismo con Dios, el cooperar con el espíritu de Dios, el vivir la vida de Dios en el mundo. Así que estamos considerando en esta última sesión la posibilidad de la oración en nuestra vida.

El tener conciencia muchas veces es doloroso porque el tener conciencia siempre nos lleva a un involucramiento sensible. Ésa es la razón por la cual a la oración jamás se le puede considerar sólo como una parte aislada de la vida. Jesús dijo: «*No todo el que me dice: '¡Señor, Señor!', entrará en el reino de los cielos, sino [las personas] que [hacen] la voluntad de mi Padre*».

El orar nuestra vida quiere decir ¡hacer la voluntad del Padre! El orar nuestra vida quiere decir ¡vivir la vida de Dios en el mundo! El orar nuestra vida quiere decir modelar nuestra vida como la de Jesús, ¡el ejemplo más importante de la oración en la vida! El orar nuestra vida quiere decir <u>ser</u> Cristo para o *recibir* a Cristo en ¡cada ser humano que conocemos!

Aquí tenemos las palabras de Jesús mismo:

Mateo 25.34-40:

*Entonces el Rey dirá a los de su derecha: Venid, benditos de mi Padre, heredad el reino preparado para vosotros desde la fundación del mundo, porque tuve hambre y me disteis de comer; tuve sed y me disteis de beber; fui forastero y me recogisteis; estuve desnudo y me cubristeis; enfermo y me visitasteis; en la cárcel y vinisteis a mí. Entonces los justos le responderán diciendo: Señor, ¿cuándo te vimos hambriento y te alimentamos, o sediento y te dimos de beber? ¿Y cuándo te vimos forastero y te recogimos, o desnudo y te cubrimos? ¿O cuándo te vimos enfermo o en la cárcel, y fuimos a verte? Respondiendo el Rey, les dirá: De cierto os digo que en cuanto lo hicisteis a uno de estos mis hermanos más pequeños, a mí lo hicisteis.*

La gloria de Dios es cada uno de nosotros totalmente consciente.

• Cada uno de nosotros atentos a todas las posibilidades que se agitan dentro de nosotros, y a la lucha de Cristo que busca ser «formado interiormente».
• Cada una de nosotras atentas al Espíritu, a la imagen de Dios en otras personas, a Dios hablándonos a través de ellas, y ellas a través de nosotras!
• Cada uno de nosotros atentos al sufrimiento de otros y a los quebrantamientos de la vida.
• Cada una de nosotras atentas a las posibilidades de reconciliación.
• Cada uno de nosotros atentos a los eventos de la historia a través de los cuales Dios se revela a nosotros.
• Cada una de nosotras atentas a toda la creación a toda la creación que «gime» por la perfección como el reino de Dios.

«La gloria de Dios es cada uno de nosotros totalmente consciente»—*vivos ante el Cristo viviente.* Sólo en su poder podemos orar con nuestra vida. Aquí tenemos a uno que ha amado al mundo y que jamás lo dejó. Vino a ofrecerse a sí mismo, a traernos poder para ser y hacer lo que Dios quiere que seamos y hagamos: «*A todos los que le recibieron… les dio poder para ser llamados hijos de Dios*».

Es en el poder de la resurrección de Jesús que hemos de orar con nuestra vida. Jesús nos invita a ser receptivos/as a su energía y a ir de este comienzo mezquino al triunfo de experimentar la gloria de Dios al vivir plenamente.

Juan 15.1-5:

*Yo soy la vid verdadera…. Permaneced en mí, y yo en vosotros…
vosotros [sois] los pámpanos…. el que permanece en mí y yo en él,
éste lleva mucho fruto.*

## Reflexionar y anotar

Piense acerca de lo que ha estado experimentando durante las últimas seis semanas. Haga una lista de algunas de las cosas más significativas que le han acontecido.

¿Cuál es su compromiso ahora en relación a «orar con su vida»?

Piense acerca de las personas que han compartido esta peregrinación con usted. Piense en ellos uno por uno. Ore por ellos uno por uno. Tal vez querrá expresar gratitud o aprecio por alguno que haya tenido un lugar especial para usted.

## Durante el día y en los días venideros

Ponga en práctica todas esas cosas que «funcionan» para usted al hacer la oración una experiencia de toda la vida.

## _____ REUNIÓN DE GRUPO PARA LA SEMANA SEIS_____

## Introducción

*Para el trabajo de grupo se necesita: pizarrón o papel de imprenta*

La acción en la oración no puede acentuarse demasiado. El dicho antiguo «Trabajar es orar» es verdad. También es verdad que orar es trabajar. La oración es acción. Es la fuerza integradora de nuestro ser y hacer.

El ritmo de acción y reflexión es el modelo de la oración viviente: el estar a solas con Dios, el reflexionar acerca de cómo viene Dios a nosotros, el buscar la voluntad de Dios, el apropiar la fuerza de Dios, y el comportarse según la dirección y el poder que tengamos—el vivir la vida de Dios en el mundo verificando nuestras señales con Dios y con nuestros compañeros peregrinos.

Si no van a continuar esto como una experiencia de grupo, tal vez querrá hacer un pacto con otra persona como «compañero de oración», o quizá haya sentido que dos o tres personas del grupo tienen un interés especial en la oración intercesora. Antes de salir de la reunión, explore la posibilidad de un ministerio de intercesión.

Si va a extender esta aventura como grupo, haga planes para la hora de sus reuniones y el lugar, y asegúrese de que todos tienen los recursos que el líder mandó pedir.

## Compartir juntos

1. Comparta con el grupo su día más significativo con el cuaderno esta semana.

2. Tome unos cuantos minutos para reflexionar acerca de esta experiencia de seis semanas. Deje que cada persona diga en forma breve y sencilla qué diferencia ha hecho esta aventura en la oración en su vida. Seleccione a una persona para anotar en una breve oración o frase cada una de estas declaraciones en un pizarrón o papel de imprenta.

3. Deje que cada persona en el grupo comparta su mayor dificultad al hacer la oración parte de una experiencia «viviente».

4. ¿Cuál «llamamiento» siente? Deje que cada persona exprese qué compromiso específico de crecimiento, cambio o disciplina él o ella está dispuesto/a a hacer?

5. Identifique la «acción» a la cual su grupo (o dos o tres de ustedes) puede sentirse llamado colectivamente. Escriba esto en un pizarrón o en papel de imprenta.

## Orar juntos

El orar juntos en esta última sesión debe reflejar lo más posible de su experiencia total de grupo. Considere las siguientes posibilidades.

*Por las necesidades de las personas:*

1. Cada persona toma su turno sentándose en una silla en el centro del cuarto. Deje que todo el grupo ponga sus manos sobre esa persona, que los que quieran ofrezcan oraciones en voz alta que reflejen su experiencia con dicha persona durante estas seis semanas. Déle a cada persona, al venir a la silla, la oportunidad de expresar una necesidad que aún no surgió en el grupo, pero que él o ella ahora está dispuesto a compartir.

2. A veces a las personas con problemas—ansiedad, temor o desconfianza—se les puede ministrar al encomendarlas al grupo y confirmar su confianza. Una persona puede acostarse en el piso y dejar que el grupo literalmente lo o la levante y sea alzado/a en el aire como un compromiso con Dios. Es asombroso lo que tal experiencia de confianza puede hacer por una persona y cómo tal recuerdo de ser elevado/a hacia Dios en oración puede llevar a la persona hacia el futuro con fortaleza.

*Para la afirmación de las personas:*

En el corazón de la oración está nuestra fe en un Padre amante que quiere darnos buenas dádivas. Tal vez querrá que cada persona del grupo reciba «buenas dádivas» de sus compañeros peregrinos como una afirmación del amor y la providencia de Dios. Deje que cada persona, tomando su turno, sea el/la recipiente de «buenas dádivas». (Por ejemplo: María es nuestra recipiente. ¿Qué dádivas le daremos? Piense acerca de quién es María, lo que ha contribuído al grupo, qué necesidades y preocupaciones ha expresado. Deje que todo aquel que desee hacerlo, lo ponga en palabras y tal vez represente la donación de estas dádivas. Alguien quizá querrá tomar la mano de María y decirle: «María, recibe la dádiva del perdón de Dios. Sé libre de la carga de la culpabilidad respecto a tus sentimientos de haber fracasado como madre». Luego alguien más querrá darle a María una dádiva diciéndole a través del salón: «María, te afirmo como una persona atenta y quiero ofrecerte paciencia. Sé paciente contigo misma, pues Dios es paciente contigo».) Antes de clausurar su reunión, considere lo que se ha anotado acerca de la experiencia de cada persona en estas seis semanas, así como el compromiso del grupo. Encuentre alguna manera de celebrar estos descubrimientos.

*Clausurar la reunión*

La semana pasada pasamos la paz como nuestra bendición al despedirnos. Esta semana clausure su reunión con una bendición más espontánea. Vaya a cada persona del grupo; diga y haga lo que crea será apropiado para su bendición de despedida para dicha persona. Puede apretar su mano y decir: «Que siempre seas sensible a la bendición de la presencia de Dios contigo». O puede tomar ambas manos de la persona, mirarlo/a a los ojos y decirle: «Te amo y sé que Dios te ama». O sencillamente puede abrazar a la persona y no decir nada. En su propia manera singular, «bendiga» a cada persona que ha compartido este peregrinaje con usted.

# Apéndice

## Tres semanas adicionales de estudio

Las sugerencias para estas tres semanas adicionales se centran alrededor de los recursos para la oración viviente. Cada semana es un experimento con un determinado recurso en particular.

De sus seis semanas juntos habrá descubierto maneras significativas de relacionarse y de compartir. Aunque se han incluído algunas sugerencias específicas para las reuniones de su grupo las hemos limitado a propósito. Ustedes tienen la habilidad creativa en su grupo para continuar no sólo estas tres semanas, sino todo el tiempo que su experiencia juntos en esta aventura sea significativa.

### Semana Siete: *Orar con las Escrituras*

Al comenzar la Semana Siete, el formato será diferente. Inserte páginas en blanco adicionales en su cuaderno. Lea esta sección para la Semana Siete de una sentada.

Para los primeros cuatro días de esta semana usará el método del descubrimiento con el cual experimentó el Día Tres de la Semana Cinco (página 113) y el Día Dos de la Semana Seis (página 135). Repase esos experimentos ahora. Las sugerencias respecto a las Escrituras para los primeros cuatro días de esta semana son: Día Uno: Isaías 6.1-6; Día Dos: Lucas 4.1-13; Día Tres: Lucas 4.14-21; Día Cuatro: 1ª de Pedro 2.1-10.

Reflexionar y anotar todos los días usando las tres preguntas personales de descubrimiento para estos primeros cuatro días. Para los otros tres días que quedan de esta semana, ore las Escrituras practicando «estar quietos ante la Palabra». Regrese y repase el Día Tres de la Semana Seis (página 139). Use las siguientes Escrituras: Día Cinco: Lucas 12.13-21; Día Seis: Mateo 18.21-35; y el Día Siete: Mateo 25.31-46.

## Compartir como grupo

Comience su tiempo juntos pidiendo a cada persona que comparta el mensaje más significativo que él o ella recibió de las Escrituras y de la oración esta semana. Luego deje que cada persona del grupo seleccione uno de los primeros cuatro pasajes y comparta su respuesta a la pregunta: «¿Si yo decidiera hacer algo en respuesta al mensaje de este pasaje de la Escritura, ¿qué implicaría eso?»

Deje que las personas que estén dispuestas a compartir su respuesta a «estar quietos ante el Verbo» indiquen lo que escribieron ya sea en el Día Cinco, Seis o Siete.

Al orar juntos, enfóquese en las necesidades que se reflejan en lo que la gente se siente llamada a ser y a hacer en respuesta a una Escritura en particular.

### SEMANA OCHO: *Orar con los Salmos*

Repase el Día Cuatro de la Semana Seis (página 142).

Comience con el primer salmo y lea hasta que un salmo en particular o una porción de algún salmo se apodere de su atención. Reflexione sobre él, relacionándolo con lo que está ocurriendo actualmente en su vida.

Copie esa porción de las Escrituras en las páginas en blanco que ha insertado en su cuaderno. Luego, al reflexionar sobre ella, escriba su respuesta personal. Puede sentirse llamado a confesar o a alabar. Puede sentirse inspirado a escribir una poesía o un himno. Puede sentirse comprometido a actuar. Anote su respuesta.

El día siguiente comience a leer los Salmos donde terminó y continúe hasta que la Palabra le llame la atención; ore en respuesta a ese pasaje. Siga este modelo cada día.

## Compartir como grupo

Cuando se reúnan como grupo, asegúrese de que todos tengan una oportunidad para compartir. Una manera de hacer esto es que cada persona seleccione las experiencias de un día, según están anotadas en su cuaderno, que él o ella esté dispuesto a compartir con el grupo. Deje que cada persona comparta y que el grupo reaccione a la persona.

Deje que su orar juntos sea espontáneo, que nazca de su compartir. Antes de clausurar deje que las personas escojan un texto «clásico» de la vida espiritual con el cual van a vivir la siguiente semana.

### SEMANA NUEVE: *Saturar nuestra alma con los grandes modelos*

Pase su tiempo de oración el primer día de esta semana leyendo el clásico que escogió. De esta lectura determine cómo va a disponer de su tiempo de oración cotidiana esta semana. Después de esta lectura inicial, tal vez querrá dividirla en seis secciones, una sección por cada uno de los demás días de la semana.

Lea cada sección buscando grandes ideas y nuevos discernimientos. Sobre todo, trate de captar el espíritu de la persona —sature su alma en este gran modelo.

Esté preparado para compartir con el grupo las ideas y los discernimientos que ha recibido. Seleccione un breve pasaje o una oración del folleto que sea especialmente significativa para usted para compartirla con el grupo.

## Compartir como grupo

Deje que cada persona comparta lo que él o ella ha recibido del «clásico». Durante este tiempo de oración, deje que diferentes personas lean en voz alta algunas de las oraciones de los clásicos. Haga una pausa después de cada oración para la reflexión personal.

**EL PRINCIPIO**

# LA GLORIA DE DIOS ES CADA UNO DE NOSOTROS TOTALMENTE CONSCIENTE

Pedid, y se os dará; buscad, y hallaréis; llamad, y se os abrirá, porque todo aquel que pide, recibe; y el que busca, halla; y al que llama, se le abrirá.

(Mateo 7.7-8)

Día tras día, oh amado Señor,
tres cosas te pido:
verte más claramente,
amarte más profundamente,
seguirte más de cerca,
día tras día, tras día, tras día.

Es necesario que el que se acerca a Dios crea que Él existe y que recompensa a los que lo buscan.

(Hebreos 11.6)

Los que esperan en Jehová tendrán nuevas fuerzas, levantarán alas como las águilas, correrán y no se cansarán, caminarán y no se fatigarán.

(Isaías 40.31)

Ese designio secreto es:
Cristo en_____
(su nombre)

Sí, Cristo que está en (mí) es la esperanza de la gloria que han de tener.

(Colosenses 1.27)

# Notas

1. Harry Emerson Fosdick, *The Meaning of Prayer* (New York: Association Press, 1963), 37–38.
2. Ibid., 34.
3. John B. Cobb, Jr., *To Pray or Not to Pray* (Nashville: The Upper Room, 1974), 25.
4. Fosdick, *The Meaning of Prayer*, 55.
5. Lewis Maclachlan, *The Teaching of Jesus on Prayer* (London: James Clarke and Company, Ltd., 1952), 14.
6. Gerhard Ebeling, *On Prayer* (Philadelphia: Fortress Press, 1966), 50.
7. Douglas Steere, *Dimensions of Prayer* (New York: Woman's Division of Christian Service, Board of Missions, The Methodist Church, 1962), 58.
8. Maclachlan, *The Teaching of Jesus on Prayer*, 25.
9. Fosdick, *The Meaning of Prayer*, 182.
10. Steere, *Dimensions of Prayer*, 83.
11. Fosdick, *The Meaning of Prayer*, 183.
12. Frank C. Laubach, *Pray for Others* (Nashville: The Upper Room, 1947), 19.
13. Maxie D. Dunnam, *Be Your Whole Self* (Atlanta: Forum House Publishers, 1970), 97.
14. Tom and Edna Boone, *Prayer and Action* (Nashville: The Upper Room, 1974), 9–10.
15. Steere, *Dimensions of Prayer*, 25–26.
16. Frank Laubach, *Letters by a Modern Mystic* (Westwood, N.J.: Fleming H. Revell Co., 1958), 27–28.
17. J. Minton Batten, *Selections from the Writings of Saint Francis of Assisi* (Nashville: The Upper Room, 1952), 36.
18. Louis Evely, *Our Prayer* (Herder and Herder, Inc., 1970).